Le Comte D. Boutourlin

E

E* 5381
~~7346~~

LA VOIX
DE LA NATURE,
OU
TRAITÉ DES GOUVERNEMENS.

acq. Ep. 947

LA VOIX DE LA NATURE

OU

TRAITÉ DES GOUVERNEMENS.

OUVRAGE DÉDIÉ AUX GOUVERNEMENS ET AUX PEUPLES.

Tome Troisiéme.

Suite de la Seconde Partie,

CONTENANT.

Les Variations des Corps Civils.

Les Souverains actuels.

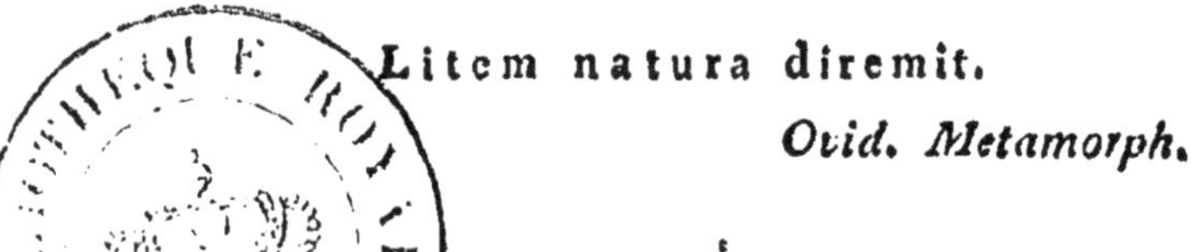

Litem natura diremit.

Ovid. Metamorph.

A Vienne en Autriche et chez les principaux Libraires de l'Europe,

1807.

TABLE DES MATIERES CONTENUES DANS CE III. VOLUME,

VARIATIONS DES CORPS CIVILS.

Table des matières sur les souverains actuels.

Troisième Question.

VARIATIONS DES CORPS CIVILS.

§. I. *De la vie Pastorale.* §. II. *État de Barbarie.* §. III. *Divisions et Réunions.* §. IV. *Appels aux peuples.* §. V. *Révolutions.* §. VI. *Du Ministre de Dieu dans les constitutions.* §. VII. *Des assemblées primordiales.* §. VIII. *Résumé. Principes etc.*

De la vie Pastorale.

I. Après avoir prouvé, jusqu'à la démonstration, que tous les Corps Civils ont été constitués *par le père universel* de chaque peuple, il est question maintenant de savoir comment on a pu se tromper si généralement sur l'origine de l'ordre social ? . . *La vie Nomade* n'a-t-elle pas été la premiere cause de nos erreurs ?

Le premier homme errant étoit-il seul dans ses voyages? . . C'est une question facile à résoudre. Quand l'histoire nous montre *Caïn*, immédiatement après son départ, fondant des cités, portant par tout l'agriculture et les arts, et remplissant la partie de l'orient vers laquelle il se retire, d'une postérité uombreuse qu'on appelloit *les enfans des hommes*, elle nous dit clairement qu'au moment de son éxil, il étoit parti avec sa femme, ses descendans et d'abondantes provisions. Par ce fameux bannissement, le but du Maître de l'Univers, qui sait faire servir au bien ses châtimens mêmes, étoit d'étendre la population sur la terre, comme il fit après le déluge par la célèbre dispersion de Babylone. La vie *de Caïn*. quoiqu'errante, n'étoit donc pas une vie isolée. Par-tout il marchoit en famille: et tandis que les autres branches sorties *d'Adam* se séparoient par grandes familles qui se fixoient autour de la cité primitive, les diverse branches sorties *de Caïn* se divisoient également, dans le lieu de leur exil, par grandes familles et par cités qui cultivoient le terrain d'alentour et menoient une vie fixe. *)

---

*) Depuis l'origine du monde, les hommes se sont trouvés dans bien des états: *Nomade*, *Pastoral*, *Barbare*, *civilisé*, *monarchique*, *Républicain etc*.

II. Avant que la culture pût s'étendre au loin, on conçoit aisément qu'entre ces cités naissantes disséminées çà et là dans les plaines, il resta des terrains vagues, de vastes déserts qu'on laissa très-long-temps en friche et qui ne pouvoient servir qu'à faire paître des bestiaux. Dans ces premiers temps, il se forma donc naturellement des familles ambulantes, dont l'unique occupation étoit dé-

---

Dans tous ces états, toutes ces variations et toutes ces révolutions, par où ont commencé les corps civils? est-ce par les pères, est-ce par les enfans? comment se sont-ils formés, réunis ou divisés? est-ce par convention? est-ce par voie d'autorité? enfin dans tous ces états différens, d'où dérive la souveraineté? *est-ce des pères? est-ce des peuples?* voilà la grande question que nous examinons, question bien importante. Car c'est un principe avéré que c'est à celui qui a constitué de droit naturel, à destituer et à changer les constitutions. *Hujus est destituere cujus est instituere.* Si, dans quelqu'un de ces états, la souveraineté venoit des peuples, ce seroit à eux à en disposer. Si au contraire dans toutes ces variations la souveraineté vient *du père universel*, l'ordre civil est attaché non seulement aux caprices des peuples, mais aux passions des hommes vivans.

lever de nombreux troupeaux qu'elles vendoient aux familles fixées. Telles furent, avant le déluge, les familles sorties de Jabel. *Jabel Pater pastorum ;* et après le déluge, celles *d'Abradam*, *de Jacob* et autres patriarches qui vivoient sous des tentes et conduisoient leurs bestiaux de vallées en vallées, et de déserts en déserts, comme on le voit dans l'histoire *de Joseph*, et comme le bon-sens nous le dit, quand l'histoire ne nous le diroit pas.

III: Dès l'origine, il y eut donc des familles ambulantes, et il y en a encore dans les pays incultes. Ce fait historique est incontestable, et nous ne le démentirons pas. . *Mais ces familles ambulantes étoient-elles les premières?* il est évident que non, puisqu'avant son exil *Caïn* menoit une vie fixe. Avant l'expulsion de *Caïn* de la cité paternelle, il est évident qu'il y avoit déjà une cité paternelle, puisque *Caïn* en faisoit partie. Il est évident que dans cette cité paternelle, il y avoit déjà des champs cultivés, puisque *Caïn* étoit laboureur. Il est évident qu'il y avoit déjà des bestiaux et des troupeaux, puisqu'*Abel* en étoit le gardien. Il est évident que c'est de cette cité paternelle que sortirent tous les biens, tous les bestiaux, toutes les cités fixes et toutes les familles ambulantes elles-mêmes. Donc la vie ambulante ne fut pas *l'état primitif* de l'homme. Le genre humain commença d'abord par une vie fixe.

IV. Secondement, *ces familles ambulantes étoient-elles les seules?* il est évident que non. Tandis que *Caïn* menoit une vie errante, *Enos*, *Henoch* et beaucoup d'autre chefs de famille habitoient les villes, cultivoient les terres d'alentour et se livroient aux différens arts. Dès l'origine, tandis que *Jabel* conduisoit ses troupeaux, *Jubal*, *Tubalcaïm* résidoient dans les cités où ils travailloient en cuivre et à différens métiers qui exigoient une vie sédentaire. Après le déluge, tandis qu' *Abraham*, *Jacob* et autres menoient une vie ambulante, il y avoit, par-tout où ils alloient une multitude innombrable de familles fixées, de villes bâties et de royaumes existans. Ces faits, outre leur conformité naturelle avec la raison, sont si clairement démontrés par l'histoire que nous ne nous y arrêterons pas.

V. Troisièmement, *ces familles ambulantes étoient-elles disséminées dans les bois et vivoient-elles dans l'indépendance?* Point du tout; elles marchoient en corps, elles obéissoient respectueusement à un chef (nous l'avons déjà dit) faisoient la paix et la guerre, comme on le voit dans l'histoire *d'Abraham*, et ce chef avoit droit de vie et de mort, comme on le voit dans l'histoire *de Thamar*; femmes, enfans, petits-enfans, tous relevoient du père, comme on le voit dans l'histoire *de Jacob*. Toutes ces grandes familles étoient de véritables cités ambulantes qui avoient leur chef, leur police et leurs lois, qui, conséquemment, formoient des corps civils, aussi bien que les familles fixées. *)

---

*) Qu'on ouvre non seulement toutes les brochures modernes, mais les auteurs les plus estimés, on verra que presque tout le monde a cru à cette vie *nomade, pastorale et patriarchale* des premiers temps. Et qu'entend-on par cette vie nomade et patriarchale? une vie d'égalité, de liberté et d'indépendance, où tous les hommes étoient bergers, errans, indépendans, sans lois et sans gouvernemens. — Mais il n'exista jamais cet état d'indépendance. Vous détruirez tout, vous bouleverserez tout: jamais vous ne rendrez les hommes ni égaux, ni indépendans. — *Cela est égal. Périsse l'univers, il faut que le principe reste.* — Mais le principe est faux, il est impossible. Il est faux que tous les hommes aient été pasteurs, il est faux que ces pasteurs aient été sans chefs et sans gouvernemens! — *Cela est égal.* Nous détruirons tout, nous bouleverserons tout, nous y péririons nous-mêmes, s'il le faut. Il faut que tout le monde revienne à cet état idéal qui n'exista jamais. . Voilà le délire, voilà l'aveuglement pitoyable de notre siècle!

VI. Voilà ce que c'est que cette vie champêtre, *cette vie pastorale et patriarchale* dont on a fait de si belles peintures dans les livres et dans les tableaux, cette vie que les poëtes ont tant chantée et si peu pratiquée, que les philosophes exaltent tant, parce qu'ils ne la pratiqueront jamais, cette profession qui consiste dans le soin perpétuel et dégoûtant des bestiaux, qui, dès l'origine, fut le partage des derniers nés, qui fut si rare et si peu recherchée dans tous les temps. Voilà ce que c'est que *cette vie pastorale et patriarchale.* Pour une famille qui se livroit au soin des bestiaux, il *y* en avoit une infinité qui embrassoient les autres professions. Pour une famille qui menoit une vie errante, il *y* en avoit des milliers qui résidoient dans les cités et qui préféroient une vie fixe.*)

Voilà ce que c'est que *ces familles pastorales et patriarchales.* C'étoient plusieurs familles reünies ensemble, subordonnées à un père universel, infiniment plus dépendan-

---

*) Il en fut dès l'origine comme de nos jours: le soin des bestiaux fut toujours malpropre, dégoûtant, le partage des derniers nés. L'état de vacher et de berger est le dernier des états de nos jours. Il étoit aussi très-émprisé *chez les Egyptiens*, dès le temps *d'Abel*, *Abraham etc.*, n'en étoient pas moin estimables par leurs vertus.

tes que des voyageurs qui traversent successivement plusieurs royaumes, puisqu'outre les lois de police des pays qu'elles traversoient, elles avoient une police intérieure qui dépendoit absolument des volontés de leur chef. C'étoient, comme les autres, des familles sorties des cités fixes, postérieures aux cités fixes, alliées avec les cités fixes, obéissantes à leur chef et aux Rois des cités fixes où elles se trouvoient. Il n'y a là ni dispersion, ni dissolution, ni indépendance.

VII. Cependant, ecoutez tous nos démocrates et toutes les têtes systématiques de nos jours: *la vie pastorale* fut l'état primitif de l'homme, et il n'y avoit alors qu'un état, c'étoit *l'état pastoral.* Dans ces temps heureux et que l'on a tant regrettés, tout le monde étoit errant; pas une seule ville, pas une seule cité, pas une seule famille fixée et rassemblée. Dans ces jours extraordinaires qu'on n'a jamais vûs et qu'on ne verra jamais, les loups ne mangeoient point les moutons, les bêtes féroces n'avoient point de dents, les passions ne portoient point au mal, les enfans n'avoient point de pères, les hommes n'avoient point de bras: il n'y avoit ni lois, ni partage, ni autorités, ni propriétés. La nature étoit une autre nature! *)

*) Si les enfans avoient des pères, il y avoit *des autorités.* Si les hommes avoient des bras, il y avoit

VIII. Que les poëtes ayent repu leur imagination de pareilles rêveries ; que les peintres se soient égayés à tracer sur la toile ces traits fabuleux ; qu'on en amuse encore les enfans dans leurs loisirs, rien de plus simple. On peut faire des fables tant que l'on veut, pourvu qu'on les donne pour des fables ; mais qu'on recueille ces rêveries comme des faits certains, qu'on les donne très-sérieusement pour des vérités, qu'on en fasse des livres de droit naturel, qu'on fonde là-dessus les droits des peuples, que ceux qui les débitent y croient de bonne-foi, que les peuples et les souverains y croyent de-même, que cette croyance gâgne par-tout, qu'elle devienne l'opinion universelle, que d'après de pareilles chimères et de pareilles absurdités, on brise toutes les constitutions, on bouleverse tout l'univers ! Voilà, ce me semble, ce qui feroit croire qu'il y a de nos jours infiniment plus de bergers qu'il n'y en eut au commencement du monde.

---

des propriétés, car le travail de mes bras est à moi. Dire qu'il n'y avoit point de propriétés, c'est dire que les hommes n'avoient ni jambes, ni bras, ni corps, qu'ils ne marchoient pas, qu'ils ne travailloient pas, qu'ils n'engendroient pas etc. Voilà certes des idées neuves et des découvertes heureuses pour de prétendus sages.

IX. Ce qu'il *y* a de bien certain, c'est que *cette vie pastorale* universelle et indépendante des premiers temps est la plus grossière et la plus révoltante de toutes les absurdités. Elle répugne au simple bon-sens, quand elle ne seroit pas hautement démentie par l'histoire. Dans quelqu'état et profession que se trouvent les hommes, il est une chose qui s'*y* trouvera toujours avec eux et qui ne les quittera jamais : elle est indépendante de toutes les professions et de tous les états. *C'est la nature.* Fussé-je pâtre, artisan ou laboureur, sous l'ardoise ou sous une tente, fixe ou ambulant, le sceptre ou la houlette à la main, si je suis le premier occupant d'un pays, mes bestiaux sont à moi, j'en suis le maître, mes enfans sont à moi, j'en suis *l'auteur* et j'ai *autorité* sur eux. Quand ils sont petits, en vertu de mon autorité, c'est moi qui les gouverne. Quand ils sont grands et qu'ils veulent se marier, c'est moi qui leur fais leurs parts. Si je donne à celui-ci deux agneaux, à cet autre cinquante, les parts sont faites et dès que les parts sont faites, les lois sont portées, les relations civiles sont établies. Et par qui sont-elles portées ces lois ? est-ce par un peuple qui n'xiste pas ? non sans doute. C'est par le père. *)

---

*) Qu'on se souvienne bien que, par-tout, autorité vient essentiellement d'Autor, qu'auteur souverain,

X. Tout ce qu'on nous a dit *sur la vie nomade et pastorale* est donc un tissu de contes puériles qu'il faut renvoyer aux petits Enfans. Dans l'origine, il est faux qu'il n'y eût que des familles ambulantes ; il y avoit par-tout *des rois, des cités et des familles fixes.* Il est faux que ces familles ambulantes fussent disséminées; par-tout où elles alloient, elles marchoient en corps. Il est faux qu'elles fussent indépendantes; elles avoient leurs lois, leur police et un chef qui avoit *autorité universelle* sur ses descendans. Il est faux que ces lois fussent des conventions, que *cette autorité* vînt du peuple. Dès l'origine, chez les pasteurs, comme parmi ceux qui travailloient en cuivre, dans les familles ambulantes, comme dans les familles fixes, c'étoit le père qui engendroit, c'étoit le père qui gouvernoit, c'étoit le père qui établissoit, c'étoit le père qui faisoit les parts. Par tout l'ordre civil venoit *du père universel,*

---

auteur universel, auteur civil et fondateur c'est la même chose, puisque par-tout ce fut le premier père qui établit ses enfans, fit les partages et fonda la cité avant même qu'il y eût des peuples. Les Cyclopes dont parle *Homère* étoient de véritables Pasteurs, et du temps des Cyclopes, il y avoit des rois, des villes et des professions de toute espèce. *(V. l'Odyssée 9 Livre.)*

Par tout, les lois, les constitutions, les cités étoient arrangées avant même qu'il *y* eût des peuples. Cette marche est indépendante des états, des professions et des variations. Elle sera par-tout la même. *)

---

*) *Job* étoit-il souverain et indépendant dans le pays de Hus, comme le prétendent plusieurs auteurs? je ne le crois pas. C'étoit un des chefs de famille les plus distingués de la cité dont il faisoit partie. *Quando sedebam in porta etc.* (v. liv. de Job.) *Loth*, quand il se fixa dans les cités fut également sujet des rois de ces cités; mais *Abraham*, quand il erroit dans de vastes déserts et des pays encore inhaités, comme le dit fort bien *M. Fleury*, étoit aussi indépendant de ces petits rois que le Roi de France est indépendant du roi d'Espagne. Sous Dieu, il avoit le droit de juger, de gouverner, de faire la paix et la guerre. Il en fut de même de tous les Patriarches primitifs, de tous les chefs qui formèrent la première maison, fondèrent la première cité ou vécurent même en passant dans un terrain libre et non occupé, comme il y en avoit beaucoup dans les premiers temps. Voila dans quel sens *Homère*, *Platon* et autres ont dit que dans l'origine les hommes étoient indépendans.

§. II.

Etat de Barbarie.

Si nous sommes tombés dans les erreurs les plus graves *sur la vie Nomade*, nous ne nous sommes pas trompés moins essentiellemment *sur l'etat de Barbarie.* Jamais on ne fut sans gouvernemens dans tous ces états *)

---

*) Voilà encore un état où l'on veut rappeller l'univers, *l'état de barbarie.* Cet état exista-t-il autrefois ? Oui sans doute. Il existe encore dans plusieurs pays et on peut y rappeller les hommes tant qu'on le voudra, par la dépopulation, la désorganisation, la décadence de la Religion, des principes et des moeurs. Il y a eu *un état de barbarie*, comme il y a eu *un état pastoral.* Voilà la vérité. Mais que cet état ait été, comme le veut *M. de Montesquieu*, la source de la liberté de l'Europe, que les hommes y aient été libres, indépendans, errans, disséminés, sans chefs, sans lois, sans autorités, sans cabanes, sans propriétés, sans besoins, sans passions, sans vices et sans vertus, comme le veut *J. J. Rousseau (Inégal. pag.* 34.) et comme le pretendent après lui tous les sophistes et tous les illuminés: voila le

Après la dispersion *de Babylone*, en partant de la Mésopotamie, il est visible que les régions éloignées ne purent être peuplées et habitées que long-temps après les autres. Déjà le berceau du monde étoit environné de Rois, de royaumes et de nations civilisées, que *l'Europe*, *l'Amérique* et autres pays étoient encore sans habitans. Ce ne fut, comme nous l'avons déjà dit, que progressivement et après avoir traversé de vastes régions, que la population atteignit enfin aux bornes du monde. . Soit curiosité, soit besoin, ceux qui arrivèrent les premiers sur les bords de la Méditerraneé ne tardèrent pas à faire des essais. Trouvant des bois immenses, d'après le modèle du vaisseau qui

---

mensonge. On peut retourner *à l'état de barbarie* mais jamais on ne retournera *à l'état d'indépendance*. On a trouvé des peuples barbares, mais jamais on n'a trouvé des peuples *indépendans*. C'est état est physiquement et radicalement impossible, puisque les peuples barbares, comme les hommes pasteurs, ont tous commencé par un père qui avoit fondé, constitué et arrangé sa cité avant même qu'il pût y avoir des peuples, et que ce père étoit par-tout le chef, le roi, le législateur de la cité naissante. (*V. Homère*, *Platon*, *spondanus etc. etc.*

les avoit sauvés du déluge, ils se firent des barques et de petits vaisseaux. Ils traversèrent d'abord des rivières, ensuite ils s'essayèrent sur la mer et enfin ils s'enhardirent.... Tandis que *les Seythes* et autres peuples ambulans s'étendoient par terre sur des chariots vers le Nord, les premiers vaisseaux jetèrent quelques individus dans les îles de la Méditerraneé, ensuite dans la Grèce, ensuite sur les cotes d'Italie, de l'Afrique, des Gaules et enfin long-temps après, d'autres furent jetés dans *l'Amérique*. En suivant attentivement sur le globe la marche de l'histoire, des arts et des monumens, on suit à l'oeil la marche progressive de la population humaine.

II. En arrivant sur ces côtes désertes et jusqu'alors inhabitées où ils avoient été jetés peut être par naufrages, ces individus étoient loin de pouvoir étaler la magnificence des Rois. Sans arts, sans secours, sans instrumens de labourage, peut-être sans bestiaux, ayant laissé dans l'Asie tous ceux qui n'avoient pas voulu les suivre et courir le hasard des mers, abandonnés de tout ce qu'il y avoit de savans, d'ouvriers et de gens à talens qui avoient trouvé de l'emploi dans les royaumes déjà formés, on peut juger quel dut être l'état pitoyable de ces habitans primitifs. Séparés de l'Asie et des autres peuples déjà civilisés, par des bras de mer ou de vastes déserts, ils durent tomber eux et leurs enfans dans un état d'ignorance, de dénuement et de barbarie qu'il seroit facile à la raison de deviner, quand l'histoire ne nous en parleroit pas. Et comme l'ignorance est la mère de la corruption, des illusions et du mensonge, il n'est pas étonnant que ces premiers temps ayent enfanté tant d'illusions, de fables et d'histoires de toute espèce, que l'imagination des poëtes sut embellir en les adoptant.

Il est donc très-aisé de concevoir que l'homme, séparé de la société primitive, faisant ses essais sur un élément furieux qu'il ne connoissoit pas, dans des vaisseaux mal travaillés qu'il ne savoit pas conduire; échoué peut-être, dans de régions incultes et inhabitées après avoir perdu toutes ses provisions, a pu se trouver, en arrivant, dans un état affreux. . . Si ce fut là, comme il est très-probable, la situation *des Javan*, *des Eliza*, et des autres descendans *de Japhet* en arrivant dans le Péloponèse, s'ils se trouvèrent dénués de tout, ils firent très-bien de manger du gland. C'est là l'instinct très-naturel de l'homme. Quand on n'a rien de mieux, on se jette sur ce que l'on trouve, et plutôt que de mourir de faim, on vit de racines et de fruits sauvages. Il n'est personne qui n'en fit encore autant de nos jours. *)

*) C'est un fait attesté par toutes les histoires, verifié, par tous les voyageurs, avoué par les adversaires

III. Mais croire que l'état misérable de ces êtres isolés fut l'état primitif de l'homme, c'est une lourde méprise. Le vaisseau célèbre qui avoit déposé le chef du genre humain sur les montagnes d'arménie, et qu'on y voyoit encore long-tems après, étoit mieux approvisionné et conduit par une main plus sûre que les premiers vaisseaux qui voguoient sur la Méditerranée. Il renfermoit dans son sein les principes abondans de toutes les productions, de toutes les sciences, de tous les arts, et des grands maîtres qui savoient en faire usage.

Dès la première génération, l'histoire nous dit que *Caïn* cultivoit la terre, que peu

---

que tous les barbares ont des chefs, que l'état de barbarie est un état d'eclavage, de servitude; d'ignorance, de dégradation, d'abrutissement et de misère; qu'en rappellant les hommes à cet état, on leur fait perdre tous les avantages de la liberté, de l'instruction et de la civilisation, pour les faire courir après *une indépendance* qui n'xistera jamais. Cependant c'est après cet état que l'on court: c'est pour replonger les peuples dans cet état, qu'on brise tout, qu'on change tout, qu'on perd tout, qu'on se perd soi-même. (*Voyez les Témoignages des auteurs à la fin de cette question.*)

de tems après on savoit fabriquer le fer et l'airain, et l'on n'oublia pas dans l'arche ce que l'on avoit pratiqué près de deux mille ans auparavant. Tandis que les grecs et les premiers habitans de l'Europe mangeoient des racines, *en Egypte* et dans diverses contrées de l'Asie, on récoltoit d'abondantes moissons; et avant que nos pères isolés et sans instrumens sussent se faire des tentes et des cabanes, *Ninive*, *Babylone*, *la superbe ville de Thèbes à cent portes* et les édifices les plus hardis attestoient au genre humain que les arts n'avoient pas péri sous les eaux du déluge. *)

---

*) Je crois bien *avec Mde. Dacier*, que les enfans *de Noé* par la crainte du déluge, restèrent longtemps sur le haut des montagnes avant de descendre dans les vallées: mais je ne crois point avec elle que ce fut là l'origine de la barbarie. La famille *de Noé* et toutes les grandes peuplades qui en sortirent, telles que les egyptiens et autres étoient très-civilisées. L'état de barbarie ne parut que longtemps après *en Grèce*; *en Germanie*, enfin *dans l'Amérique* et ailleurs, par tout où quelques individus furent jetés loin des sociétés. Mais partout, comme l'observe *Mde. Dacier*, le père étoit absolu dans sa famille. *(V. Notes sur le 9. Livre de l'Odyssée.)*

IV. Parce que les premiers habitans de l'Europe séparés des premières cités ne trouvèrent en arrivant sur ces rivages incultes, ni ouvriers, ni bleds, ni bestiaux, ni instrumens, s'ensuit-il qu'il n'y en avoit pas *en Asie*? parce que faute d'ouvriers, de bleds, de bestiaux, ils furent dans l'impossibilité, pendant quelque temps, soit de cultiver, soit d'ensemencer les terres, s'ensuit-il qu'on ne les cultivoit pas *en Egypte*? parce que n'ayant ni ouvriers, ni bleds, ni bestiaux, ils furent réduits à vivre de racines, en attendant qu'on leur apportât des bleds, s'ensuit il que c'étoit là la nourriture naturelle de l'homme?. Enfin, parce que n'ayant ni ouvriers, ni bleds, ni bestiaux, ils tombèrent dans l'ignorance, la misère, et la barbarie la plus affreuse, s'ensuit-il que la société primitive étoit dans cet état? . . dire que l'état primitif des *Européens* fut l'état primitif de l'homme, c'est comme si l'on disoit que l'état primitif *des Américains* fut l'état actuel de l'Europe, que l'tat *de Robinson* dans son île étoit l'état heureux dont on jouissoit dans sa patrie. Appeller l'état déplorable de ces êtres isolés, *l'état naturel de l'homme*, c'est comme si l'on disoit que la situation d'un homme égaré et perdu la nuit dans des abymes, est la situation naturelle d'un voyageur qui marche en plein jour; que le sort malheureux d'un homme affamé est le sort de celui qui vit dans l'abondance ; et la situation affreuse d'un homme naufragé celle de celui qui vit tranquillement au milieu de fertiles moissons . . . Parce que les premiers habitans de l'Europe séparés du corps primitif des sociétés tombèrent dans un état de barbarie, en conclure que ce fut là *l'état primitif* du genre humain, c'est donc raisonner fort mal. *Tous ces états de Misère, d'imbecillité et de dégradation ne furent jamais l'état naturel de l'homme*, dit l'auteur du sistâme social. *Tom.* 1. *ch.* 16.

V. Parce que les premiers habitans de l'Europe séparés du corps primitif des sociétés tombèrent dans un état de barbarie, en conclure qu'ils étoient *sans chefs et sans autorités*, c'est encore raisonner beaucoup plus mal. Ce seroit supposer que les barbares n'engendrent pas comme les autres hommes. Car si les barbares engendrent comme les autres hommes, il est visible qu'à la première génération ils sont comme les autres, de simples chefs ; à la seconde génération, ils deviennent chefs principaux, et dans les générations suivantes, ils deviennent essentiellement *souverains*. La nature a la même marche chez les barbares que chez les peuples civilisés : *les autorités* sont par-tout son ouvrage. Les villes d'*Elide, de Dodone*, les régions *de Charsis et de Céthim*, *les champs élysiens et la rivière Elyssus* tirent évidemment leur nom *d'Eliza*, *Charsis*, *Céthim et*

Donanim : et ces noms sont précisément les noms des quatre enfans *d'Jon* ou *Javan*, conséquemment des quatre chefs naturels des principales branches et des principales Tribus des Grecs. Dès leur plus antique origine, *les Scythes* les plus barbares avoient *des chefs et des Rois*, pour lesquels ils avoient la plus grande vénération. On sait assez jusqu'à quel point étoit porté le respect barbare qu'ils avoient pour eux, puisqu'à leur mort ils égorgeoient tous ceux qui les avoient approchés pendant la vie, pour les escorter dans le tombeau. *Dans l'Amérique* et dans tous les pays où l'on a trouvé des peuples sauvages, on y a trouvé *des Rois*. Allez dans les pays les plus sauvages, vous y trouverez *des chefs et des Rois*. Les nations barbares ont des pères barbares, mais elles ont *des pères* : elles ont des princes et des souverains barbares, mais elles ont *des souverains*. Cette vérité est attestée par les voyageurs, par tons les auteurs et par les adversaires eux mêmes comme on le verra Princip. XII. pag. 57. *)

---

*) Accoutumés à voir nos rois dans des palais et sur des trônes, disent les commentateurs *de Grotius et de Puffendorf*, certains écrivains ont cru que partout où l'on ne trouvoit pas cet appareil, il n'y avoit ni chefs, ni Rois. C'est une méprise. *Cafres*, *Gétules*, *Scythes*, par-tout où l'on a

Parce que les premiers habitans de l'Europe séparés du corps primitif des sociétés tombèrent dans un état de barbarie, en conclure qu'ils étoient *sans lois*, c'est encore raisonner fort mal. Certes, de hommes barbares ont une tête, des jambes et des bras, ainsi ils ont des propriétés comme les hommes civilisés. Fussé-je le plus barbare des hommes, si je suis le premier occupant d'un pays, j'en suis le premier proprétaire. C'est à moi à le partager à mes enfans, et ces partages sont *des lois*. Fussé-je le plus barbare des hommes, n'eussé-je pris qu'un sanglier à la chasse, n'eussé-je ramassé qu'un boisseau de gland, ce que je ramasse est à moi aussi essentiellement que les pieds avec lesquels je cours et que les mains avec lesquels je le ramasse. Ce que j'ai acquis, au péril de ma vie ou à la sueur de mon front, la loi naturelle veut que j'en dispose, et mes dispositions sont *des lois*. Aussitôt qu'il mourut un chef de famille, il fallut prononcer sur sa

---

trouvé des hommes; nulle part on ne les a trouvés civilement séparés. Par-tout ils vivent en grandes ou petites sociétés sous des Chefs, des lois et un gouvernement civil. (*V. Principes etc.*) Les rois *des Guanches* n'avoient pour palais que des grottes; il n'en étoient pas moins rois.

succession. Aussitôt qu'il y eut un champ de bataille, il fallut prononcer sur les dépouilles. *Les Scythes* n'avoient d'abord que des bestiaux: ils avoient *des lois* sur les bestiaux et les paturages. Les peuples barbares ont des lois barbares; mais les peuples les plus barbares ont *des lois*.

VI. Parce que les premiers habitans de l'Europe séparés du corps primitif des societés tombèrent dans un état de Barbarie, en conclure qu'ils étoient *libres*, *heureux*, *indépendans*, c'est porter le déraisonnement à son comble. Tant qu'il il y eut des terres libres, on sait bien que chaque chef y établit ses enfans, ce qui forma dans l'origine une multitude prodigieuse de petits Souverains tous indépendans les uns des autres; mais parce que tous ces petits chefs étoient indépendans les uns des autres, les individus ne l' étoient pas. C'étoit précisément, comme le dit *M. Rollin*, parce que tous ces petits chefs étoient indépendans qu'ils, se faisoient une guerre interminable, qu'ils se chassoient réciproquement les uns et les autres, que personne n'étoit libre de jouir en paix du fruit de ses travaux. *)

---

*) *Histoire Ancienne I. Vol. Des Grecs.* Chez les Sauvages comme chez les patriarches, tant que chaque famille fut séparée des autres par des bois

VII. Parce que les premiers habitans de l'Europe, séparés du corps primitif des sociétés tombèrent dans un état de barbarie, en conclure qu'ils y restèrent très-long-temps, c'est encore raisonner fort mal. Bientôt les Phéniciens qui avoient multiplié leurs vaisseaux pour le commerce et les découvertes, leur apportèrent des bleds, des artistes, qui leur enseignèrent l'agriculture, la navigation et les arts. *L'Egypte* par ses colonies perfectionna leurs lois grossières, leur inspira le goût des sciences, les initia dans ses mystères, achêva de les civiliser sans doute; mais avant que l'Egypte vînt achever de les civiliser, ils avoient *un gouvernement civil.*

---

ou de vastes déserts, elle ne reconnoissoit encore d'autres lois que celles de son chef: c'est-ce qui a fait dire à beaucoup d'auteurs qu'ils y a des sauvages qui sont *sans gouvernement.* Mais de l'aveu de ces auteurs, ces sauvages ont leurs meubles, leurs bijoux, leurs propriétés, leurs usages sur les mariages et les Successions. Ce gouvernement domestique devient donc essentiellement sous son chef, un gouvernement civil, dabord grossier, foible, impuissant, ensuite plus fort, plus nerveux, plus étendu à mesure que le nombre des maisons augmente, La gradation est par tous la même.

Voilà pourtant toutes les rêveries, tous les contes absurdes, toutes les misérables conclusions que l'on a tirées de l'état primitif de ces êtres isolés. Parce qu'ils tombèrent dans un état pitoyable, on a cru *que tous les hommes avoient été* dans ce même état. Parce qu'ils tombèrent dans un état pitoyable, on a cru qu'ils étoient *sans chefs, sans lois et sans gouvernemens.* Parce qu'ils tombèrent dans un état pitoyable, on a cru qu'ils étoient *libres, heureux, indépendans;* on a conclu du particulier au général, d'un état très-facile à comprendre à un état impossibl., imaginaire. Et c'est sur cette supposition ridicule et extravagante qu'on a bâti tous les systèmes et toutes les Constitutions de nos jours.

VIII. On convient sans peine que les hommes primitifs qui se trouvèrent transplantés accidentellement dans des régions éloignées soit par terre, *comme les Scythes,* soit par mer, comme *les grecs* et autres, durent tomber en arrivant, dans un état de misère, d'ignorance et de barbarie plus ou moins grand suivant l'état de dénuement dans le quel ils étoient après leu r voyage. De-là *l'état de barbarie* qui règne encore dans les pays lointains où la population est encore très-rare et où l'on n'a pu parvenir que très-tard. On convient que cet état de barbarie dût exister plus ou moins long-temps, selon qu'on se trouva plus ou moins à portée d'en sortir. *Les Grecs* en sortirent les premiers, parce qu'ils recurent aisément *d'Egypte et d'Asie* des artistes et des secours. *L'Europe* en sortit avant *l'Amérique*, *l'Amérique* en sortira avant les pays qu'on n'a point encore découverts. On convient sans peine que les différentes parties du globe n'ont pu être peuplées et civilisées dans le même instant. Le sol, le terrain, l'abordage, l'éloignement, la distance, la manière de voyager, l'état d'abondance ou de dénuement où l'on se trouva en arrivant, la facilité ou la difficulté de communiquer avec les pays déjà civilisés durent mettre une différence infinie dans l'état, le progrès et le plus ou moins de progrès de la civilisation des peuples. Mais cet état postérieur et successif des nouveaux peuples n'est pas *l'état primitif de l'homme*, c'est un état secondaire; ce n'est pas *son état naturel*, c'est *un état accidentel.* *)

---

*) Non, l'éat deplorable des Américains qui, avant la découverte de l'Amérique, n'avoient ni chevaux, ni bestiaux, ni fer, ni charrue, ni instrumens, n'étoit très certainement pas l'état d'Adam, de Noé, d'Abraham, des Egyptiens et autres peuples primitifs. C'étoit l'état accidentel de quelques individus jetés par accident dans des contréer éloignées, sans blede.

IX. On convient sans peine que ces accidens qui varient à l'infini peuvent varier à l'infini l'extérieur des gouvernemens, qu'ils leur donnent une forme plus ou moins libre, plus ou moins barbare, plus ou moins policée, plus ou moins civilisée. Mais une chose qui ne varie pas, qui est indépendante de tous les accidens, qui s'est trouvée par-tout où il y a eu des hommes, et qui se retrouvera dans tous les pays, dans ceux qui ont été occupés les premiers, comme dans ceux qui le seront les derniers, *c'est la nature.* Quelque variation que l'on suppose, ses lois sont toujours les mêmes: Qu'on suppose toutes les différences, tous les changemens et toutes les variations que l'on voudra dans l'état, la profession, le temps, la distance les voyages, les accidens qui ont pu survenir aux hommes... Tout cela nous est égal...

X. Ce qu'il y a de bien certain, de bien stable et ce qui ne variera jamais; c'est que *civil ou barbare*, mangeant du pain ou brou-

---

sans provision et sans bestiaux. C'est un état de dégradation. Mais dans cet état même de dégradation, ces êtres misérables avoient des peres, des anciens, des senieurs, des autorités, des usages, des propriétés. La source de la Souveraineté est toujours la même.

tant de l'herbe, un sceptre ou un bâton à la main, arrivant par terre ou par mer, sur des chariots ou sur des vaisseaux, vêtu de pourpre ou de peaux de bête, tout ce que l'on voudra... Si je suis le premier occupant d'un pays quelconque, j'en suis le maître; le terrain que je cultive est à moi, les fruits que j'ai recueillis sont mes propriétés; les bestiaux que j'élève sont mes bestiaux, les enfans que j'engendre sont mes enfans. J'ai *autorité* sur eux: quand ils sont petits, c'est moi qui les gouverne; quand ils sont grands, c'est moi qui leur fais les parts et par tout pays, ces partages primitifs *sont des lois.*

Ce qu'il y a de bien certain, c'est que, fussé-je antropophage et le plus barbare de tous les barbares, si je suis ce père et ce chef primitif, c'est par la constitution de la nature que je suis père, c'est en vertu de ma constitution naturelle que je fais les parts, que je désigne mes successeurs, que je constitue sur mes descendans. Et quand j'ai prononcé sur les partages, les partages sont faits: quand une fois j'ai constitué mes successeurs, mes successeurs sont constitués; *les lois et la Constitution* sont faites. C'est moi qui les fais observer: c'est ma volonté que l'on interroge: c'est à ma volonté que l'on a recours et pendant ma vie et après ma mort. Par tout pays *le gouvernement civil* naquit immédiatement du *gouvernement domestique;* par tout pays il fut fondé et constitué avant même qu'il y eût des peuples... Aussi q'on parcourre *l'Asie*, *l'Afrique*, *l'Amérique*, les îles et les continens, les pays froids comme les pays chauds; qu'on pénètre dans ces régions ignorées où le commerce et la navigation n'ont point encore abordé; qu'on examine bien *les Scythes*, *les Cafres*, *les Gétules*, tous les peuples les plus barbares, les plus grossiers et les plus éloignés de la parfaite civilisation: on n'en trouvera pas un seul qui soit *sans lois*, *sans chefs et sans autorités...* Parce que tous ont eu *des pères*, avant de devenir peuples.

XI. Ce qu'il y a de bien certain, c'est que chez les peuples ambulans comme chez les peuples fixes, chez les peuples barbares comme chez les peuples civilisés, *en Europe* comme *en Asie*, *en Afrique*, comme *en Amérique*, dans les îles comme sur les continens, dans les pays froids, comme dans les pays chauds, dès l'origine, par-tout c'est le père qui engendre, c'est le pére qui établit, ce ne sont point les enfans qui établissent le père; par-tout la source du gouvernement civil est la même. Par-tout il se forme sans conventions, sans assemblées, sans aucune participation des peuples, par la volonté *du chef universel* lui seul. C'est un corps très-naturel qui se développe par la génération successive de ses membres, qui a sa tête, ses pieds et ses bras avant tous les accidens qui peuvent lui survenir. . . Nous nous sommes donc grièvement trompés *sur les sauvages et les hommes errans.* Jamais ils ne furent dispersés : Toujours ils vécurent en famille : Et dès les premiers partages, ces familles formoient essentiellement sous leur Pére un petit Corps civil. . . C'est cependant dans ces deux états que nous avons puisé l'idée extravagante *de nos dispersions.* Voions maintenant ce que nous avons pris si généralement pour *des Conventions.*

---

§. III.

Des Divisions et des Réunions.

Ce que nous avons pris si généralement *pour des Conventions*, ce sont d'abord *les réunions des petits Corps Civils.*

I. Lors de la grande division de la société primitive, les pays qui reçurent immédiatement les premiers débordemens de cette prodigieuse population, long-temps concentrée, tels que *Babylone*, *Ninive*, *l'Egypte*, *l'Assirie*, durent se trouver à l'instant même couverts d'une population immense. D'après L'aversion naturelle que l'on avoit pour se séparer, les chefs qui se fixèrent dans ces premières stations, tels que *Nemrod*, *Mézraïm* et autres, durent, à l'instant même, se trouver à la tête d'un peuple nombreux et dans ce peuple nombreux ils trouvèrent des juges, des artistes, des gardes, des soldats, tout ce qu'il falloit enfin pour organiser sur le champ de grands corps civils. Qu'on jette les yeux sur l'Egypte, l'Assirie, la Babylonnie, on y verra, immédiatement après la dispersion primitive des ouvrages superbes, des grandes monarchies, des Souverains puissans qui fondent autour d'eux de grands Empires : des Peuples tout formés qui produisent bientôt de nombreux Essaims qui s'abattent dans le voisinage. Tous ces corps civils sont grands dès l'origine parce qu'ils partent avec une population nombreuse. *)

---

*) Autre source d'Erreurs. Dès l'origine, par tout où il arrivoit des colonies toutes formées, on voyoit paroître sur le champ des villes bien bâties, de grandes monarchies et de grands États ; mais ceux qui arrivoient souvent seuls ou avec très peu de monde, qu'on appelloit *les Aborigènes* de chaque pays, commencoient par de bien petits établissemens. Voila pour quoi dans ces tems primitifs, il y avoit autant de petits chefs, de petits monarques et de petits rois, que de villes, de bourgades

II. Il n'en fut pas de même des individus qui, après des voyages pénibles, arrivérent l'un après l'autre sur les diverses parties du globe. Il est vrai que, plus ils marchoient, plus ils découvroient devant eux une immense étendue de pays dont ils étoient exclusivement les maîtres : mais comme ils avoient très peu des monde, cette immense étendue de pays leur devenoit parfaitement inutile. Chaque chef de famille, à mesure qu'il-arrivoit, après avoir défriché un petit terrein au milieu des bois, y formoit dabord une petite

---

ou de villages. Quand les pays furent peuplés, tous ces chefs se battirent, ensuite ils se réunirent. Mais avant tout cela, il y avoit des chefs, et ses chefs étoient les Pères de chaque branche. C'étoit par tout le *Père Universel* de chaque Peuplade qui avoit fondé la Cité en établissant ses premiers enfans. Platon dit expressément que comme les grands états ont été formés de plusieurs familles jointes ensemble, les lois ont été composées des coutumes de ces familles qu'on a rédigées. Donc, avant la formation des grands gouvernemens, il y avoit déja de petits gouvernemens ; les familles avoient déjà des juges, des chefs, et des rois avant de se réunir. *Conveniebant qui regio imperio assueti fuerant*, dit Aristote.

Cité, dont il laissoit le gouvernement à l'aisné de ses Enfans après sa mort. Quand cette Cité primitive devenoit trop-nombreuse, les chefs des branches cadettes alloient former une nouvelle cité dans le voisinage. Chaque étranger qui arrivoit, à son tour, s'établissoit dans les parties du même pays, qui n'étoient pas encore occupées. Les bois, les vallées, une riviére, un ravin profond, suffisant alors pour intercepter la communication, tous ces petits chefs, quoique voisins, étoient aussi indépendans les uns des autres que le Roi de france est indépendant du Roi d'espagne et le Roi d'espagne du Roi d'angleterre. Et c'est ainsi que les bons auteurs l'entendent quand ils disent que, dans l'origine, les hommes étoient independans. Les chefs étoient indépendans les-uns des autres, mais chaque Cité n'étoit pas indépendante de son Chef.

III. Plus on s'éloigna du berceau du monde, plus les gouvernemens devinrent petits, et plus les Souverainetés se multipliérent. Dès le tems *d'Abraham* c. a. d. 400 ans environ après le déluge, comme l'observe fort bien *Mr. Bossuet*, *on voyoit une infinité de petits Royaumes déja formès depuis long tems.* Dans l'Asie mineure, la Grèce, l'Italie, les Gaules, la grande Bretagne, d'après le témoignage de tous les historiens, il y avoit une foule innombrable de Royaumes, et tous petits. Dans la Germanie, au rapport de

Tacite, il y avoit presque autant de Chefs que de bourgades: *Quot pagos, tôt ferè Duces.* Dans l'origine, lors de la premiére occupation, chaque village avoit son chef, chaque petite isle avoit son monarque, chaque ville avoit son Roi, comme on le voit *dans homère:* Et cela devoit être: Parce que, par tout ou un chef de famille arrivoit avec peu de monde, il ne pouvoit occuper qu'un petit terrain et former dabord que de très petits établissemens: Et comme toutes ces petites Cités naissantes se trouvoient encore separées par des bois et par des déserts, On conçoit pourquoi les historiens disent que nos Pères vivoient au milieu des bois.

IV. Tous ces petits Chefs, qui avoient très peu de monde avec eux, pour peu qu'ils eussent de terrain, se trouvoient dabord fort au large, défrichoient paisiblement autour d'eux; mais quand chaque pays commença à se remplir, que la population venant à s'atteindre, à se heurter et à se froisser, on commença à vouloir s'étendre et se faire place les uns aux dépens des autres, il s'établit un état de guerre, de division et d'anarchie, inconnu jusqu'alors, et qui fut terrible pour tous ces petits états. Chaque petit chef n'ayant pas la force de se défendre et de faire respecter son terrein, jamais, comme le dit fort bien *Mr. Rollin*, il n'y eut des tems plus féconds en troubles, en mutations, en dissentions de toute espèce.... Dans cette lutte indispensable, les derniers venus forcés de céder la place aux premiers, prirent le parti d'aller chercher fortune ailleurs. Delà ces coloniès qu'on voit sortir successivement *de Tyr*, *de l'Egypte* et autres régions, qui s'embarquent dans les différens ports, sous la conduite des fils de leurs Rois pour aller former des établissemens en gréce, à Carthage, en Italie, dans la Bretagne et dans les Gaules. Dans les débats de ceux qui restent, les grands états eurent des avantages visibles sur les petits. Delà, dès l'origine, les progrès rapides *des Nemrod*, *des Ninus*, *des sésortris*, dans la Suite, des Romains et autres grands conquérans qui font trembler la terre et dévorent tous les petits états. Delà, dans des tems posterieurs, les invasions des peuples du nord, dont la population adossée contre les bornes du monde, dit un auteur célébre, devoit de toute nécessité refluer sur l'Empire Romain et l'engloutir à son tour.

V. Dans cet état de guerre, d'agitation et de carnage, qui résulta nécessairement du choc des peuples qui cherchoient à s'aggrandir, soit pour terminer ces dissentions, soit pour se mettre en état de résister aux grandes puissances, il fallut de toute nécessité songer à se réunir. Aussi voit-on, dès la plus haute origine, *Abraham* s'allier avec les maisons *de mambré, d'Escol et d'aner*, faire des traités avec *Abimelech* Roi des Gérares. Tous les petits chefs en firent autant dans tous ces pays; et de là naquirent insensiblement des Gouvernemens de diverses formes. Les uns, comme les petits Rois de la gréce et de la Palestine, s'allioient ensemble, sans cependant renoncer à leur Souverain. *Delà les fedérations et les alliances*: d'autres, comme le dit *le Père Berthier*, prirent le parti de gouverner en commun leurs petits états; *de là l'aristocratie*. D'autres se mirent sous la protection du monarque le plus ancien et les plus puissant du pays: *delà les hommages et l'origine antique des grands vassaux*. D'autres infiniment plus sages, comme les Albains avec les Romains et les chefs des francs entr'eux, ayant fait généreusement le sacrifice entier de leur indépendance remirent leur Souveraineté entre les mains d'un seul; delà les grandes monarchies et les grands Royaumes qui résultérent de la réunion de tous ces petits États.

VI. Voilà très certainement l'état d'anarchie et d'indépendance qui précéda la formation des grands gouvernemens, et dont il est parlé dans tous les bons auteurs. *Les Sociétes primitives étant devenues fort nombreuses*, disent-ils tous unanimement, *elles se séparérent par branches qui formèrent autant de petits peuples, chacun sous la direction de* *leurs chefs.* Ce sont ces séparations par branches, que nous avons prises de nouveau pour des dispersions individuelles: et fort mal à propos: ce ne sont point des individus, ce sont des peuples qui se quittent et qui se séparent. Quand tous ces petits peuples se trouvérent à l'étroit, ils se battirent, et chaque pays tomba dans un état de division épouvantable; c'est ce qu'on a appellé *un état d'anarchie;* mais il est évident que ce n'étoit pas une anarchie complette, puis que tous ces petits peuples avoient déjà des chefs. Après s'être battus long tems, tous ces petits chefs prirent enfin le parti prudent de se réunir sous un seul souverain: c'est ce que nous avons pris pour *une création des souverainetés:* mais c'est une méprise grossiére, puis qu'avant toutes ces divisions et ces réunions, tous ces petits chefs étoient souverains et absolument indépendans les uns des autres, et que cette anarchie incomplette ne venoit que de leur indépendance respective. C'est ce que nous disent clairement tous les bons auteurs. *Quot pages tot ferè duces.* *)

---

*) D'après l'arrangement de l'auteur de la nature, il est impossible que les hommes tombent jamais dans

Telle fut la maniere dont se formerent les grands gouvernemens, non seulement dans

---

un état d'anarchie complette. Quand ils se diviseroient par familles, chaque famille a essentiellement son chef. Quand ils se divisent par branches, chaque branche a essentiellement son chef. C'est ainsi que toutes les petites peuplades de chaque pays se trouvérent divisées; c'est dans cet état qu'elles restérent jusqu'à ce qu'elles prissent le parti de se réunir sous un seul chef; et c'est dans cet état que l'on retombe dans les révolutions, quand on secoue le joug de son souverain universel. Dès que les autorités de chaque peuplade et de chaque division ne sont plus dominées par une seule autorité, toutes les petites peuplades de chaque pays se déchirent. Les grands, les seigneurs, les magistrats, les officiers, les généraux deviennent maitres chacun dans leur parti, et se battent entr'eux jusqu'à ce qu'on se réunisse de nouveau sous un seul chef universel. C'est là ce qu'on appelle *un état d'anarchie.* Mais dans cet état méme d'anarchie et de division, chaque ville, chaque province, chaque peuplade a ses chefs de droit ou de fait. Ainsi jamais les hommes n'ont été et jamais ils ne seront dans un état absolu d'anarchie. Jamais ils n'ont pu être sans chefs et sans autorités dans aucun pays et dans aucun temps.

l'ancien, mais dans le nouveau monde. Que l'on parcoure les pays les plus sauvages, à quelque antiquité que l'on remonte, par tout on trouvera une infinité de villages et de petites tribus perpêtuellement en guerre entre elles. Et d'où viennent ces divisions? De ce que le chef primitif de chaque famille, ou de chaque tribu errant dans les bois est absolument indépendant des autres chefs. Pour se mettre en état de résister à leurs ennemis, les chefs ou anciens s'allient entr'eux, comme avoient fait *Abraham*, *Aner*, *Escol* et *Mambré*, et ils marchent au combat suivis de leurs gens sous les ordres de celui qu'ils élisent *cacique* ou général pour le temps de l'expédition. Quand la population est considérablement augmentée, le principal d'entr'eux est élu *cacique* ou chef perpétuel. Enfin le plus puissant de ces caciques devient par la suite Empereur de gré ou de force, et soumet les autres à ses lois: de là les empires du *Mexique et du Pérou* qui existoient déjà avant les conquêtes des Espagnols, et de là l'empire naissant de *Pawhalam* qui étoit déjà grand chef de la virginie lorsque les Anglois y descendirent. Et pourquoi la formation des grands empires fut-elle toujours plus précoce dans les pays chauds que dans les pays froids? Est-ce comme le veut *M. de Montesquieu*, parce que les hommes y sont plus lâches? Non: c'est tout simplement parceque es pays chauds, étant les plus agréables, sont aussi les premiers peuplés et les premiers civilisés.

VII. D'après cela, qu'on se reporte à la situation naturelle de tous ces petits Peuples renfermés dans le même pays, et que l'on juge sans partialité et sans préjugés. Quoi, parce que les chefs des cinq ou six petits Peuples voisins mûs par différens motifs, prennent enfin le parti prudent de se réunir ensemble; parce que sentant la sagesse ou la nécessité du conseil qu'on leur donne, ils consentent à remettre chacun la portion d'autorité dont ils jouissent, entre les mains du principal d'entr'eux, *c'est là une création d'autorité?...* Quoi, si tous les petits souverains d'allemagne, aulieu de conserver leur souveraineté respective, se trouvant dans la même position que tous ces petits chefs primitifs, prenoient le parti de ne former tous ensemble qu'un grand corps civil et qu'ils se demîssent totalement de leur souveraineté entre les mains d'un seul d'entr'eux, *ce seroit là une création de souverainetés?...* Qui ne voit que ce sont là des illusions et des paradoxes mal approfondis.

VIII. Certes, si nous sommes six chefs de diverses branches et que nous nous déterminions à nous réunir, dans un cas où le bien général le demande, et conséquemment où l'esprit du fondateur l'exige; comme organe du fondateur universel, j'ai bien le droit de constituer sur mes sujets qui je jugerai à propos: au même droit, tous les cinq autres peuvent en faire autant; et quand ils seroient cinquante, ce seroit la même chose. Alors, celui qui est élù d'un commun accord se trouvant constitué par les six, il devient le souverain général de tous les six petits Peuples, puisqu'il réunit à lui seul l'autorité des six petits chefs. Mais dequi tire-t-il la souveraineté? C'est des six chefs et non pas des six Peuples: et cette souveraineté quoique divisée existoit long tems avant cette grande formation, puisqu'elle existoit long tems avánt les six peuples *dans le chef universel* de chaque branche, et antérieurement même à la division des six branches *dans le Pére universel* des six chefs. C'est ainsi que se formérent originairement les grandes monarchies et les vastes Royaumes; ils se composérent ou de l'adhésion subite de plussieurs branches, ou de la réunion successive de plusieurs petits peuples voisins qûi avoient chacun leur chef, leurs loix et leurs usages: delà la multiplicité des coutumes dans les grands gouvernemens.

Dans les diverses époques de l'ordre social, tantôt ce sont de grands corps civils qui se démembrent et qûi se divisent en petits; tantôt ce sont des petits corps civils qui se rapprochent et qui se réunissent en un; mais avant toutes ces divisions, ces rapprochemens et ces réunions, c'étoient des corps civils qui avoient des chefs, des loix et une constitution long tems avant leur existence. C'est un fleuve majestueux dont les eaux susceptibles de toutes sortes de directions, tantôt se divisent en petits ruisseaux, tantôt se réunissent en grands fleuves. Mais quelques variations qu'elles éprouvent dans leur cours, la source et les eaux sont toujours les mêmes. Dans les divisions comme dans les réunions, par tout *autorité* vient *d'autor* et *l'autorité universelle* vient *de l'auteur universel*, jamais elle n'est venue de l'universalité des Peuples.

---

§. IV.

Des appels aux Peuples.

Sait on encore ce que l'on a pris si généralement pour des conventions? Ce sont *les appels aux Peuples.* *)

---

*) Ce sont *ces antiques appels aux peuples* que beaucoup des savans ont pris pour *des Conventions,* mois fort mal à propos, puis qu'ils ne vincent qu'après la formation des peuples, qu'après l'existence des Rois, conséquemment que bien des

I. On aura beau faire! D'après l'institution même de la nature, les Peuples eurent des maîtres avant d'exister, ils en auront jusqu'à la consommation des siècles: l'indépendance est radicalement impossible ... Mais comme les fonctions de maître, dans quelqu'état que ce soit, sont d'imposer aux autres le joug du mal phisique et que tout le monde déteste le mal; toujours on se plaignit des maîtres les plus justes. Jamais aucun Peuple n'a pu s'en donner, puisque jamais les enfans n'ont pu se donner des Péres; mais toujours les Peuples furent portés à en changer, pour en prendre d'autres dont ils ne tardérent pas à se fatiguer ainsi que des premiers.

II. Comme il est infiniment plus gracieux d'imposer le joug aux autres que de le

---

siécles après la fondation de chaque cité par le premier propagateur de chaque pays. Qu'on se souvienne bien que, par tout, les loix furent faites, la cité fut fondée, l'ordre civil exista necessairement du vivant de la première famille, lors des 1rs partages et de l'établissement des premiers enfans par le père universel, long tems avant la multiplication des peuples, et l'on verra que l'ordre civil exista nécessairement par tout, long tems avant la possibilité même des assemblées populaires.

porter soi même, la place de maître eut toujours des grands attraits pour ceux surtout qui n'en avoient pas encore éprouvé les dégoûts. Delà dans les coeur de tous les hommes, cette avidité dévorante de domination, cette soif insatiable des dignités et des honneurs. Delà, (quoique dans chaque branche du gouvernement il n'y ait naturellement qu'un seul maître) cette foule de prétendans qui s'efforçent de se supplanter les uns les autres pour parvenir au commandement, ou du móins pour le partager, s'ils ne peuvent pas l'obtenir pour eux seuls. Et si l'ambition des premiéres places fut la passion dominante du coeur humain dans tous les tems; quon juge de l'empressement avec lequel on dut briguer celle qui emporte avec elle la disposition suprême de toutes les dignités et de tous les honneurs.

III. Les prétendans à la souveraineté ne reconnoissant pas de tribunal au dessus d'eux, sont forsés pour termirer leurs différens, ou de s'arranger entr'eux, ou d'en appeler au Peuple. C'est aussi à l'un de ces deux moyens que les prétendans curent recours dans tous les tems et dans tous les pays. Les uns, fiers de leurs droits, connoissant toute la versatilité des jugemens du peuple convinrent de s'en rapporter, soit au sort des armes, soit à la décision des oracles, soit au hennissement d'un cheval, soit à tout autre moyen qui ne les livroit pas au caprice de la multitude, le plus terrible de tous les moyens: d'autres comptant bien plus sur leurs intrigues et sur leurs talens que sur l'évidence de leurs droits, en appelloient soit au jugement des Soldats, s'ils en étoient sûrs, soit au jugement du peuple, s'ils avoient quelqu'espoir de se le rendre favorable. Et il est aisé de deviner que de pareils appels furent toujours accueillis avec transport par l'esprit inné d'insubordination et d'indépendance.

IV. On sent bien que dans de pareilles assemblées celui qui parloit le mieux ou qui promettoit le plus, l'emportoit aisément sur ses concurrens: et c'étoit à coup sûr celui qui comptoit le moins sur ses droits qui faisoit les plus belles promesses. Pour se faire proclamer, les uns promettoient des grâces, des priviléges, des exemptions d'impôts: d'autres un gouvernement plus doux, plus humain où tout le monde seroit heureux. Pour éluder la constitution du fondateur, ceux qui ne pouvoient se prévaloir de leur naissance, en appelloient au mérite, à l'éloquence, à la bravoure, au talent qu'ils croyoient avoir; ceux qui ne croyoient pas même pouvoir compter sur ces titres, excluoient toute espèce de distinction: ils faisoient entendre soit au peuple, soit aux soldats: que la volonté du fondateur étoit abusive; qu'ils étoient les maîtres de choisir qui ils vouloient; que *la souveraineté* leur appartenoit à tous. Ils promettoient, s'ils étoient nommés d'abolir la royauté, d'y substituer *la démocratie* afin que chacun pût gouverner à son tour; et l'on conçoit assez qu'une pareille doctrine fut toujours saisie avec avidité par l'esprit d'indépendance. *Inde mali labes.*

V. Une des causes les plus anciennes et les plus célèbres de ce genre qui ait été portée au jugement du peuple, fût celle *de Gélanor et de Danaüs. Danaüs* chassé d'Egypte par son frère Egyptus, étant descendu dans l'Argolide avec ses gens, prétendit avoir des droits au trône *d'Argos* et porta sa cause devant le peuple. Le malheureux *Gélanor* obligé de plaider devant ses sujets, n'eut pas de peine à établir le droit de ses pères. Mais *Danaüs* par son appel et ses discours flatteurs, aiant ébranlé l'esprit de ses juges, la cause resta indécise et fut remise au jour suivant. Le lendemain, un loup étrangla, sous les yeux de l'assemblée, un taureau qui étoit à la tête d'un troupeau de boeufs sous les murs de la ville; le peuple, auprès duquel on avoit sans doute mis à profit les délais, interprétant ce combat en faveur de Danaüs, lui adjugea la courronne; et l'infortuné Gélanor, chassé du trône de ses peres, fut obligé de quitter ses états. Voilà une des premières et des plus anciennes assemblées populaires, dont l'histoire fasse mention, où il ait été question *de la souveraineté*; et toutes les autres qui se sont tenues du temps des Rois sur le même sujet, sont, comme celle-là, *des jugemens et des arbitrages.*

VI. Parce que dans de pareilles circonstances, les prétendans s'arrangent presque toujours avec le peuple, qu'ils font avec lui des conditions pour se faire proclamer, on a cru que ces arrangemens étoient des *contrats.* Mais dans ce cas, des voleurs qui s'arrangent avec mes gens pour prendre mon bien font donc aussi *des contrats.* Pour pouvoir contracter sur un bien et en disposer, il me semble que la première de toutes les conditions est d'en être *maître.*

Parce que les prétendans conviennent avec le peuple de tels ou tels arrangemens, on a jugé à propos d'appeller ces arrangemens *des conventions.* Mais dans ce cas, ceux qui conviennent avec mes juges de leur donner une partie de mon bien, s'ils consentent à leur adjuger le tout, font donc aussi *des conventions.*

Parce que les aspirans s'adressent au peuple pour demander la souveraineté qu'ils savent bien que le propriétaire ne leur donnera pas, on en a conclu que *la souveraineté* appartient au peuple, mais dans ce cas, quand on réclame mon bien à tort ou à raison par devant des arbitres, c'est donc une marque que ce bien appartient à ces arbitres ou qu'il appartient à mes adversaires. *Les arbitres*, *les juges* que je réclame sont des moyens pour recouvrer mon bien, mais ils n'en sont pas les propriétaires.

Parce que dans ces assemblées, les peuples (adjugent *la souveraineté* à un des prétendans, on en a conclu qu'ils en étoient les maîtres, qu'ils étoient libres de choisir qui ils vouloient, et l'on a appellé ces jugemens *des élections*; mais dans ce cas, quand je réclame mon bien par devant des juges ou des arbitres quelconques, ils sont donc libres de choirir indifféremment entre moi et mon adversaire, et de donner mon bien à qui ils jugeront à propos. Ces arbitrages s'appellent donc aussi *des élections*!

VII. Enfin, parce que dans ces assemblées populaires, on a quelquefois proclamé *souverains* des individus qui ne l'étoient pas, on en a conclu que les peuples *y* avoient *crée la souveraineté*. Mais dans ce cas, des juges ou des arbitres quelconques qui adjugent à des particuliers un bi.n qui ne leur appartenoit pas, sont donc aussi *les créateurs de leurs draits*. *)

---

*) Voilà visiblement ce qui a ébloui une foule d'auteurs; mais, comme le dit *M. de Mestries*, dans toutes ces revolutions et ces jugemens, le peuple

Ne voit-on pas que tous ces raisonnemens portent à faux? Avant que les juges prononcent, avant même qu'il y ait litige sur un objet, cet objet existe. Des arbitres *ne créent* pas des droits; ils examinent simplement où ils sont. Parce que le peuple *d'Argos*, d'après l'application arbitraire de la victoire d'un loup, jugea à propos de proclamer *Danaüs* souverain, créa-t-il *sa souveraineté*? Avant ce jugement inique, avant même l'arrivée *de Danaüs*, y avoit-il des souverains civils *à Argos*, n'y en avoit-il pas? *Gélanor* étoit-il souverain auparavant, ne l'étoit-il pas? Voilà la question. Si *Gélanor* étoit souverain avant cette assemblée, ce n'est donc pas dans cette assemblée qu'on a crée les droits souverains.

VIII. Je sais très-bien que, du temps des Rois, quand il y eut litige sur la souveraineté, les prétendans en appellèrent quelque fois au peuple. Mais *quand est-ce qu'il y eut litige sur la souveraineté?* Ce ne fut pas dans la première origine des choses. Dans quelque pays que l'on suppose, si je suis le pre-

---

n'est qu'instrument, comme le bois et les cordages dans les mains d'un machiniste. Nulle nation n'a pu se donner des gouvernemens, dit cet auteur, tout au plus, elle peut servir à déposséder les souverains. *(V. M. de Mestries.)*

mier occupant du pays, je ne vois pas qui pourroit, au premier abord, me disputer mes droits de premier occupant. Seroient-ce les étrangers? Il n'y en a pas. Seroient-ce mes enfans? Mon occupation étoit antérieure à leur établissement et peut-être à leur existence. Qu'on me dise qui pouvoit disputer au premier chef du genre humain son titre de premier chef, à ses trois enfans leur primauté chacun sur leur branche? Lit-on dans l'histoire que *les Mézraïm*, *les Inachus* et autres fondateurs des premiers empires aient touvé des concurrens? Qui pouvoit s'opposer à celui qui descendit le premier *dans la Grèce*, *dans l'Italie*, ou à celui qui forma le premier établissement dans toute autre partie de l'univers?

IX. *Quand est-ce donc qu'il y eut litige sur la souveraineté?* Ce ne fut pas non plus lors des premières sucsessions. Dans ces premiers temps, quand ils avoient plusieurs héritiers, les souverains prenoient un si grand soin de déclarer leurs intentions, elles étoient tellement connues et si clairement manifestées, qu'aussitôt qu'ils étoient morts, et souvent de leur vivant, ceux de leurs enfans qu'ils avoient désignés pour leurs successeurs, se trouvoient sur le champ entourés de leurs armées, investis de toute leur puissance, en état de dicter des lois à leurs concurrens. D'un autre côté, dans ces premiers temps, il y avoit encore tant de pays à conquérir, tant d'occasions d'aller se placer ailleurs, que pour peu qu'on les aidât, les prétendans s'éloignoient du pays, souvent sans y être contraints.

X. *Quand est-ce donc qu'il y eut litige sur la Constitution?* Ce fut quand la terre commençant à se peupler, les enfans des Rois voyant qu'il leur seroit difficile de trouver ailleurs des établissemens, leurs prétentions tombèrent toutes sur le trône de leur père. Alors les disputes devinrent plus fréquentes et leurs contentions plus opiniâtres. Mais quelqu' opiniâtres qu'elles fûssent, les contendans savoient bien qu'en fait de souveraineté, le peuple n'étoit pas leur juge. Jamais ils ne recoururent à son intervention, quand ils se sentirent en état de vider le différent par d'autres moyens. Quand *Sésostris*, appellé au trône par la constitution de ses pères, voulut vider sa querelle avec son frère *Danaüs*, il ne recourut pas à l'intervention du peuple, il la termina par la supériorité de ses armes. Quand *Arbaces* voulut défendre la légitimité de ses droits contre le jeune *Cyrus*, il ne recourut pas à l'intervention du peuple, il termina le différent par la supériorité de ses armes. Après la mort *du mage Smerdis*, les grands de Perse se gardèrent bien de recourir à l'intervention du peuple, ils remirent la décision de leur procès à un moyen arbitraire dont ils convinrent volontairement entr'eux. Après la mort *d'Alexandre le grand*, ses généraux ne remirent pas leurs intérêts à l'intervention du peuple, ils se constituèrent eux-mêmes les arbitres des intentions de ce conquérant. Toutes les fois qu'il y eut litige sur la succession à l'Empire Romain, les prétendans se gardèrent bien de recourir à l'intervention du peuple, ils vidèrent leur différent par le sort des armes. Tant qu'on fut encore voisin des constitutions primitives, les prétendans n'avoient pas encore oublié que c'étoient leurs pères qui avoient constitué; — qu'étant appellés à la souveraineté, au droit de leurs pères, les peuples n'étoient pas leurs juges dans de pareils procès.

XI. *Quand est-ce donc qu'on eut recours à l'intervention du peuple?* Ce fut presque toujours quand on ne crut avoir ni droits à la souveraineté, ni moyens pour y parvenir. Ce fut alors que, faute de moyens légitimes, on crut devoir s'aider par la ruse. Ce fut ainsi que *Danaüs* qui se sentoit trop foible pour expulser *le Roi d'Argos*, crut devoir se sortifier de l'assentiment du peuple. Ce fut ainsi que beaucoup de cadets qui se voyoient exclus du trône par la constitution de leurs pères, en appelloient au peuple pour essayer de décliner la force des lois: ce n'étoit point un juge qu'on réclamoit, c'étoit un instrument dont on vouloit se servir pour renverser les véritables prétendans. C'est ainsi que *Déjocès* qui n'avoit aucuns moyens pour s'élever à la souveraineté s'éduisit le peuple pour parvenir à la domination *chez les Mèdes*, C'est ainsi que *Pisistrate* qui n'avoit aucuns moyens pour parvenir à la souveraineté, trompa le peuple pour s'emparer de la citadelle *d'Athènes*. C'est ainsi que *Denys le tyran* qui n'avoit pas de moyens pour parvenir à la souveraineté, trompa le peuple pour se faire donner une garde *à Syracuse*. Ce fut ainsi que *Brutus* se servit du peuple pour expulser les *Tarquins* de Rome; que *les Césars* flattèrent le peuple pour se mettre à la tête des armées et par là parvenir à l'Empire. C'est toujours des peuples, comme le remarque *l'Illustre Bossuet*, que se sont servis les usurpateurs, pour renverser les trônes, chasser les héritiers légitimes et faire triompher leurs intérêts personnels . . . Or, je le demande de bonne foi, sont-ce là des arbitrages? Sons-ce là des jugemens? Que veut-on conclure *de pareils appels*?

XII. D'après le penchant violent que les hommes ont pour l'indépendance, on sait bien qu'il est très-aisé de soulever les peuples, de les engager à se défaire de leurs souverains. Mais avant de s'en défaire, ils en ont. Avant l'appel fait au peuple par les usurpateurs modernes, il y avoit *des Rois* en france. Avant *les Brutus et les Césars*, il y en avoit *à Rome.* Avant les *Pisistrate et les Denis*, il y en avoit *à Athènes et à Syracuse.* Avant les *Dejocès* et les *Danaüs*, il y en avoit eu *à Argos et chez les mèdes.* Avant tous ces appels aux peuples, il y avoit déjà *une constitution.* Par qui cette constitution avoit-elle été faite? *Etoit-ce par le peuple? Etoit-ce par le fondateur?* Voilà la question qui reviendra toujours.

XIII. Ce qu'il y a de bien certain, c'est que toutes ces assemblées populaires postérieures à l'existence des corps civils, quand elles seroient de vrais arbitrages, ne prouvent pas la plus petite chose en faveur du peuple, puisque les jugemens justes ou injustes que l'on y prononce tombent sur un objes préexistant. Il n'étoit pas question *d'y créer la souveraineté*, il étoit question de l'adjuger. Il n'étoit pas question de constituer, il étoit question de voir, parmi les concurrens, qui étoit appellé à régner par la constitution? Tous ces appels au peuple prouvent, au contraire, ce que nous avons établi, qu'originairement *la souveraineté vient des Pères*, puisqu'avant tous les appels aux peuples que l'on puisse citer, il y avoit déjà des constitutions. *)

---

*) Qu'on remonte aussi haut que l'on voudra; à la tête de chaque peuple, de chaque cité, quelqu'an-

§. V.

Des Révolutions.

1. Enfin ce qui nous a trompés par-dessus tout sur l'origine des corps civils, *Ce sont les changemens de constitution.*

A force d'intrigues, de soulèvemens, d'instigations et de principes faux, il y eut enfin des factieux, qui soutenus d'une partie du peuple, non-seulement chassèrent leurs souverains, mais vinrent à bout de changer les constitutions et d'en faire d'autres qui se trouvèrent légitimées avec le temps, comme nous le verrons *dans la question suivante.* Ce fut alors que l'esprit d'indépendance triompha, que les cris frénétiques *de liberté et d'égalité* commencèrent à se faire entendre et que les peuples se crurent les maîtres des

---

cienne et quelque petite qu'elle soit, on y trouvera un fondateur, un souverain indépendant. *Abraham*, dit *M. Fleury*, n'avoit pas encore d'enfans : déjà il étoit souverain de sa maison. Pourquoi cela? Parce qu'il étoit indépendant. Tout chef indépendant est souverain et tous les Pères qui défrichoient un nouveau pays ne dépendoient de qui que ce soit.

souverains et des constitutions : de-là la source féconde des erreurs, que nous avons réfutées dans la première partie, et qui ont occasionné tant de bouleversemens dans l'univers.

II. Parce qu'à l'époque des révolutions, il y eut des souverains chassés, détrônés, outragés, incarcérés, on crut que ces souverains étoient *destitués*. Mais dès-Lors, des pères qui se trouveroient chassés de leur maison par leurs enfans, seroient donc *destitués* de leur paternité! Des maîtres qui se trouveroient expulsés de leurs domaines par leurs serviteurs, se trouveroient donc *destitués* de leurs possessions! Et quand des propriétaires se trouvent égorgés et massacrés par des voleurs, leurs droits, par le fait même, se trouvent donc transportés dans la main des voleurs! Qui ne voit que tous ces principes sont faux, que c'est le renversement et l'anéantissement de la morale toute entière? Par la force et par l'injustice, la chose peut bien être envahie et se trouver transportée dans d'autres mains; mais le droit, par son essence et par l'institution même de la nature, se trouve placé au-dessus des atteintes de toute injustice et de toute violence: jamais il ne dépendra des événemens. *)

*) D'où dérive l'autorité? *Est-ce des pères? Est-ce des peuples?* Voilà le point décisif. Ce furent

III. Parce qu'à l'époque des révolutions, après avoir chassé les anciens souverains, on leur en substitua de nouveaux, qu'on fit de nouveaux plans de gouvernement, on crut faire *des constitutions!* Mais dès-lors, des enfans, qui après avoir chassé leur père, arrangeroient tout d'une autre manière dans sa maison, feroient donc aussi *des constitutions!* Des domestiques, qui après avoir chassé leurs maîtres, en nommeroient entr'eux de nouveaux, feroient donc aussi *des constitutions?* Qui ne voit que nous renversons la

---

les peuples qui *constituèrent* dans l'origine; *donc c'est à eux à destituer*. Voilà le raisonnement des partisans des conventions. Et nous, en partant du même principe, nous disons: dans l'origine *ce fut le pere qui constitua*. Donc c'est à lui *à destituer* et lui seul peut le faire. Lui seul eut l'autorité universelle par droit de nature. Donc il en est le seul maître; jamais aucune constitution ni aucune destitution ne se fera qu'à ses ordres. Sa volonté éternelle et interprétative sera la règle de toutes les lois et de toutes les constitutions. Donc ni les peuples, ni les souverains actuels ne sauroient y toucher. Donc, toutes les révolutions sont des attentats qui ne sauroient ni produire ni transporter les droits.

nature, que nous bouleversons toutes les nations? Pour arranger et déranger tout dans une maison, il faut être maître des choses: pour arranger et déranger légitimement les personnes, il faut avoir droit sur les personnes.

IV. *A qui fut originairement l'autorité universelle?* Fut-elle au peuple? *Fut-elle à l'auteur universel?* Voilà la question décisive, dont il ne faut jamais se départir. Si elle fut au peuple, ce fut au peuple à en disposer: Mais, si, comme nous l'avons prouvé, elle fut *à l'auteur universel*, il n'y a plus qu'une question bien simple à faire: à qui *l'auteur universel* la donna-t-il d'abord? *Est-ce à vous?* Non, sans doute. *C'est à celui que vous chassez . . .* Dès-lors, de quel droit le chassez-vous? De quel droit prétendez-vous reprendre une souveraineté qui ne fut jamais à vous? Vous avez beau dire et beau faire: vos révolutions sont des attentats, et des attentats ne donnent pas des droits. Ceux que le fondateur a constitués restent constitués, et ils resteront constitués malgré toutes vos insurrections. Malgré toutes vos insurrections, et qu'on les chasse, qu'on les exile, qu'on les emprisonne, qu'on les déporte aux extrémités du monde, la souveraineté descendra avec eux dans le fond des cachots, elle les suivra dans tous leurs voyages . . . Qu'on les tue, qu'on les massacre, qu'on en mette d'autres à leur place, la souveraineté n'ira point sur la tête de ceux qui les ont remplacés, elle passera à ceux que le fondateur a designés par la constitution ancienne. Elle s'attachera à eux inséparablement malgré toutes les révolutions et toutes les violences. *Pour quoi cela?* Parce que le fondateur le veut, qu'il n'a pas rétracté ses volontés et qu'étant le maître absolu de ses droits, aucune volonté subalterne ne peut en déranger le cours.

V. En vain force-t-on les anciens souverains à signer leur abdication. Toutes ces signatures forcées ne font rien dans la translation des droits. En vain engage-t-on les anciens souverains à sanctionner volontairement les nouvelles constitutions : les anciens souverains n'en sont pas les maîtres. Certes, chez les Athéniens le fils de *Codrus*, *Midon* pouvoit bien se démettre de la souveraineté en faveur de ses successeurs légitimes; mais consentir à être *Archonte*, mais changer la constitution, c'est un droit qu'il n'avoit pas, un droit qu'aucun souverain ne sauroit avoir... Parce que la souveraineté n'est point à lui, il n'en est que le dépositaire, et il n'en est le dépositaire que pour la transmettre à ceux qui lui sont désignés. En fait de translation, la souveraineté ne marche qu'au signal du fondateur. Toutes les signatures libres ou forcées qui sont contraires à ses volontés sont radicalement nulles.

VI. Où sont-ils donc ces souverains *destitués* par le peuple? Où sont-ils donc ces souverains que les peuples ont *constitués* à l'époque des révolutions? Dans les Révolutions, je vois bien des souverains chassés, des députés nommés. Mais les premiers sont-ils destitués, les derniers sont-ils constitués? Les droits se trouvent-ils transportés par le fait de la rebellion même? Dans quelles écoles enseigne-t-on ces règles de droit? Dans quels auteurs les trouve-t-on? Pour *constituer* et pour *destituer*, il faudroit être maître de la souveraineté, et les peuples ne le sont pas et les souverains actuels ne le sont pas eux-mêmes; et les révolutions ne donnent pas de droits aux peuples: elle ne les rend pas les maîtres.

VII. Je vais plus loin: je dis qu'à l'époque des révolutions, non seulement les peuples ne deviennent pas les maîtres *de droit*, mais qu'ils ne le deviennent pas même *de fait*, qu'ils ne font que changer de maîtres, pas autre chose.

Parce qu'à force de rebellions, les peuples obtinrent quelquefois le pouvoir étrange de s'opposer aux lois, quelquefois même de renvoyer leurs magistrats, on crut qu'ils devenoient *leurs maîtres*. Ils ne le devinrent pas plus que des enfans qui s'arrogeroient le pouvoir monstrueux de s'opposer perpétuellement aux volontés de leur père, ou des soldats qui s'arrogeroient le pouvoir funeste de résister perpétuellement à leurs officiers et à leurs généraux. Que résulteroit-il de cette perpétuelle opposition? Une lutte cruelle où ils seroient perpétuellement écrasés et exterminés, parce que cette lutte est contre nature. *)

VIII. Tel fut *le Veto* chez les Romains et *l'Ostracisme* chez les Athéniens. Ce fut un pouvoir inconstitutionnel qui introduisit

---

*) Il ne faut pas croire que toutes les clauses extravagantes qu'on met dans les constitutions, telles que *la souveraineté du peuple*, *le Veto*, le droit de punir les rois, de chasser ses magistrats, de changer de lois, de constitutions et de souverains dans certains cás (fussent-elles signées et adoptées par les souverains) puissent jamais faire partie de la constitution. Ce sont des clauses inciviles, inconstitutionnelles, impraticables, réprouvées par la nature et par l'esprit du fondateur. Jamais elles ne peuvent être ni sanctionnées, ni légitimées par le temps, ni devenir des droits réels. Point d'autre remède que d'y renoncer. Si on n'a pas la force d'y renoncer, il faut périr. Tout principe faux occasionne des crises, des convul-

l'anarchie dans leur constitution et les conduisit à leur perte. Quand une loi leur déplaisoit, juste ou injuste, les Romains avoient extorqué le pouvoir de s'y opposer; et quand leurs maîtres leur déplaisoient, bons ou mauvais, vertueux ou non vertueux, les Athéniens s'étoient arrogés le pouvoir de les exiler ... A quoi aboutissoit ce pouvoir subversif? A rejetter les meilleures lois, et à expulser les meilleurs maîtres, non pas à cesser d'en avoir. Quand on avoit rejetté une loi, il falloit, malgré soi, en recevoir une autre; quand on avoit exilé un général, il falloit en mettre promptement un autre à sa place, et c'étoit soujours le sénat qui faisoit les lois et le général qui faisoit mouvoir les soldats. Qu'avoient donc fait les peuples en extorquant par force de pareils pouvoirs? Ils s'étoient jettés dans la cruelle nécessité d'être perpétuellement en guerre avec leurs législateurs, sans j'amais pouvoir le devenir, et c'est ce que font tous les peuples qui font insérer de pareilles clauses dans leurs nouvelles constitutions. Etant essentiellement

---

sions, qui conduisent à la dissolution et à la mort. Toutes ces formes extravagantes ne viennent ni de Dieu ni du fondateur; mais l'autorité et la nécessite indispensable d'une autorité n'en viennent pas moins.

inconstitutionnelles, tant qu'elles subsistent, elles sont une source inépuisable de révoltes et de seditions d'un côté, d'oppression et de tyrannie de l'autre; mais en rendant le peuple rebelle, elles ne le rendent pas *souverain*, il n'en est que plus écrasé et plus malheureux. *)

IX. Parce qu'à l'époque des révolutions les peuples obtinrent presque toujours des constitutions *démocratiques*, qu'on leur accorda le pouvoir de nommer leurs législateurs, ils se crurent les maîtres de leurs souverains ... Mais dans ce cas, des enfans à qui on accorderoit le choix de leurs précepteurs deviendroient donc leurs précepteurs! Des soldats à qui on accorderoit le pouvoir de changer de généraux deviendroient donc leurs généraux! Qui ne voit que tous ces raisonnemens portent à faux, que ce sont des sophismes grossiers légérement adoptés par l'esprit d'indépendance? La nomination des législateurs, comme nous l'avons déjà observé, n'est point du tout *la législation*.

---

*) Il en est de même des sauvages qui sont grossiers, ignorans, rebelles, indociles aux ordres de leurs chefs. On appelle cela *fierté*, *liberté*, *indépendance*. C'est l'esclavage le plus misérable et le plus affreux.

Ce n'est point du tout dans les assemblées electives, c'est dans l'assemblée législative qu'on fait les lois et c'est par la loi qu'on est maître."

X. Lors qu'un peuple, dans une nouvelle constitution, a obtenu la nomination de ses législateurs, il ne faut donc pas croire qu'il soit devenu maître. Il n'est devenu maître *ni de la législation, ni de la constitution;* il n'est pas même devenu le maître *de la nomination.* Il n'est point du tout libre de nommer ou de ne pas nommer, d'agir ou de ne pas agir. Il faut qu'il nomme, qu'il nomme dans tel temps, qu'il nomme dans telle classe, qu'il nomme pour tel temps, qu'il nomme de telle manière. Il faut qu'il suive, de point en point, *dans la nomination même,* tout ce qui lui est prescrit par les constituans. Si quelqu'un refuse de s'y conformer dans un seul point, on le fait pendre. Qu'ont donc accordé les nouveaux constituans en donnant le pouvoir *de nommer?* Ils ont donné au peuple l'ordre de changer de maîtres tous les ans ou tous les deux ans. Et qu'ont obtenu les peuples en obtenant le pouvoir *de nommer?* Ils se sont jetés dans la cruelle nécessité d'éprouver tous les ans ou tous les deux ans beaucoup de brigues, beaucoup d'agitations pour se donner de nouveaux maîtres qui s'engraisseront successivement aux dépens du public. Et s'ils s'ennuyent de ces troubles, s'ils se fatiguent de ces changemens, pourront-ils cesser *de nommer?* Non, il faudra de toute necessité qu'ils nomment et qu'ils changent tous les ans ou tous les deux ans.

XI. Or, que dire d'un peuple qui, sous la nouvelle constitution, a des lois comme sous l'ancienne, des maîtres comme sous l'ancienne, beaucoup plus de maîtres que sous l'ancienne; beaucoup plus d'entraves que sous l'ancienne; qui se trouve nécessité *de nommer*, nécessité de changer, nécessité de subir tous les inconvéniens attachés aux élections, nécessité de suivre la constitution dans tous les points, quand il ne le voudroit pas; d'un peuple qui ne sauroit ni dépouiller ses anciens souverains de leurs droits, ni en donner aux nouveaux? *Ce peuple est-il maître?* Est-ce-lui qui fait les lois? Est-ce lui qui fait les constitutions? Il est évident que ce ne fut pas lui qui fit la première, puis qu'elle étoit faite par le fondateur avant qu'il y eût des peuples. Il est évident que ce n'est pas lui qui fait la dernière, puisque dans cette nouvelle constitution on le lie, on le garotte, on lui fait la loi sous peine de mort, *jusque dans la nomination même.* Après la révolution, comme auparavant, le peuple a *des maîtres de droit*, ce sont les anciens souverains: il a *des maîtres de fait*, ce sont les nouveaux constituans. Donc, jamais il ne fut et jamais il ne deviendra ni de droit, ni de fait le maître des constitutions. *)

---

§. VI.

Du Ministre de Dieu dans les Constitutions.

I. Ici s'élève une question qui replongeroit l'ordre civil dans le chaos, si elle se trouvoit

---

*) „Les révolutions, *dit l'auteur de la Théorie*, „sont les maladies du corps politique, par les„quelles il se débarasse de ses mauvais principes „et de ses mauvaises humeurs." C'est dans les révolutions effectivement que le peuple doit se trouver victorieusement détrompé *de sa fausse liberté* par son esclavage, *de l'egalité* par son assujettissement, *de sa souveraineté* par sa micère, *de son independance* par son oppression, de sa fureur démocratique par l'agitation perpétuelle de ses élections et par la multiplicité de ses maitres. Mais souvent la maladie est longue et presque toujours elle est mortelle. La république Romaine pétit par les prétentions du peuple, l'Empire Romain par les prétentions des armées, tous principes faux et inconstitutionnels.

fondée: c'est de savoir si les peuples ne tiendroient pas de Dieu lui-même le droit de se donner des gouvernemens.

Toutes les conséquences de cette question se sentent assez. Car c'est un principe certain et que nous avons été les premiers à établir, qu'en sa qualité *d'auteur et de créateur universel*, Dieu est infiniment au-dessus de tous les pères, de tous les souverains, de tous les fondateurs eux-mêmes; qu'il peut, quand il le veut, constituer des réprésentans pour les gouverner, et que, quand il lui plaît *de constituer ou de destituer*, il n'a besoin d'attendre ni le consentement des souverains, ni la volonté des fondateurs pour légitimer ses constitutions ... Dans le spirituel, comme dans le civil, source première et indépendante des autorités, il peut en disposer en maître. Quand il le voulut, il fit gouverner les princes mêmes de son peuple tantôt par *Moïse* tantôt par *des Juges*, tantôt *par des Rois*, tantôt *par le conseil des Prêtres*. Quand il le voulut, il constitua *Aaron*, il suscita des prophètes, il substitua l'Eglise à la Synagogue. Dieu peut constituer quand il veut, et qui il veut, sans avoir égard à l'ordre ordinaire de la nature, et par-tout où Dieu paroît, il faut que toute puissance humaine disparoisse. Voilà le principe des principes que nous sommes loin de contester, et sur lequel nous sommes parfaitement d'accord avec les adversaires.

II. Mais il est un autre principe non moins certain, sur le quel il faut que les adversaires tombent également d'accord avec nous et qui va jetter une grande clarté sur cette question: c'est que toutes les fois que Dieu constitua extraordinairement, il parla; toutes les fois qu'il voulut constituer extraordinairement, il fit voir extraordinairement que ceux qu'il suscitoit, venoient de sa part, il leur donna des mandats et une mission qui portoit avec elle des caractères frappans de divinité, et ses envoyés parurent toujours ostensiblement investis de son autorité et de ses pouvoirs: c'est ce qu'on appelle *des constitutions extraordinaires.*

III. Mais je le demande aux partisans des conventions: quand est-ce que Dieu a parlé aux peuples? Quand est-ce qu'il leur a donné la commission extraordinaire de constituer des souverains, de chasser les anciens, de s'en donner de nouveaux?

Quand on objecte aux partisans des conventions que, dans leur système, toute puissance viendroit des peuples, qu'elle ne viendroit pas de Dieu; ils vous répondent qu'elle viendroit toujours de Dieu par les peuples, *médiatement*, comme ils le prétendent; que dans ce cas, les peuples constituant de la part de Dieu, c'est toujours Dieu qui constitue. C'est le sentiment *de Puffendorf* et de beaucoup d'autres auteurs.

Mais la question revient toujours. Par où apparoît-il que les peuples constituent de la part de Dieu? Où est-il écrit que Dieu leur en ait donné la commission? Où est leur titre? Où est leur approbation? Où est leur mission divine? *)

IV. Effrayés du danger de livrer tout à la discrétion des peuples, il en est, il est vrai, qui ne leur laissent que l'arrangement

*) Au dessus de chaque peuple il y a essentiellement deux auteurs universels; l'auteur universel de chaque peuple et l'auteur universel du monde. Dans l'ordre ordinaire, l'auteur universel de chaque peuple ayant été constitué par Dieu lui-même, c'est par lui que Dieu parle, que Dieu gouverne, que Dieu constitue. C'est-là *son ministre, son agent et son représentant.* C'est par lui seul qu'il a constitué; c'est par lui seul qu'il peut destituer dans l'ordre ordinaire. Quand il veut constituer ou destituer extraordinairement, il en est bien le maître sans doute, mais alors il parle extraordinairement, il donne une mission extraordinaire à ses envoyés. Or, où a-t-on vu que Dieu ait donné aux peuples la commission extraordinaire de toucher aux Constitutions?

matériel des constitutions; c'est ce qu'ils appellent *préparer la matière.* Quand chaque peuple a arrangé, comme il l'a voulu, la forme de son gouvernement, c'est Dieu qui confére *l'autorité* et qui constitue. C'est le sentiment d'une infinité d'excellens moralistes et Théologiens qui ont cru par-là remettre à Dieu la disposition des Puissances.

Mais on le demande à ces auteurs estimables, en rendant justice à leurs intentions : qui est-ce qui varie la forme des gouvernemens? N'est-ce pas *l'arrangement matériel de constitutions?* Et si vous faites dépendre la sanction de Dieu de cet arrangement matériel, Dieu lui-même ne devient-il pas le ministre des peuples dans l'installation des Puissances. Si je laissois à mes enfans le pouvoir d'arranger et de déranger tout dans ma maison en m'engageant indéfiniment à conférer l'autorité d'après leurs arrangemens, ne seroit-ce pas eux qui seroient les maîtres? Quelle différence trouve-t-on dans cette dernière opinion? Pour arranger les constitutions, comme pour constituer, ne faut-il pas avoir ou *l'autorité*, ou une commission expresse *de l'autorité?*

V. Or, on le demande tout simplement à ces derniers, comme on l'a déjà fait aux premiers : qui est-ce qui a donné aux peuples la commission extraordinaire d'arranger et de déranger, même matériellement, la forme des gouvernemens? *Est-ce Dieu?* Où cela est-il écrit? Où est-il écrit qu'il se soit engagé à conférer l'autorité d'après leurs arrangemens? Où est leur titre? Où est leur mission? Les adversaires n'en montrent pas, et je crois bien qu'ils renoncent à en montrer. Donc, jamais les peuples n'ont reçu de Dieu *la commission extraordinaire* de constituer et de destituer, d'arranger et de déranger la forme des gouvernemens.

VI. Mais si jamais les peuples n'ont reçu de Dieu cette commission extraordinaire, reste donc *la mission ordinaire*; et c'est indubilablement, la seule dont partent les adversaires. Mais quand est-ce que les peuples ont reçu la commission ordinaire de se donner des gouvernemens? *Est-ce lors de la création?* Ils n'y étoient pas. *Est-ce lors de la fondation primitive des cités?* Ils n'y étoient pas davantage. Dès l'instant de la création, c'est au Père que Dieu conféra *l'autorité universelle* sur ses descendans. Partout, dès l'origine, ce fut le Père qui fut naturellement constitué, ce fut le Père qui constitua, qui fit les lois et les constitutions avant même qu'il *y* eût des peuples. Donc, jamais les peuples n'ont reçu de Dieu ni naturellement, ni surnaturellement, *ni ordinairement ni extraordinairement* le pouvoir de constituer: donc, Dieu n'a jamais constitué par les peuples.

VII. Mais, non seulement je dis que Dieu n'a jamais constitué par les peuples, je dis qu'il n'a jamais pu le faire. Car *sur qui le peuple eût-il constitué de la part de Dieu?* Il eût constitué sur lui-même. C'eût été le peuple qui eût constitué sur le peuple. Pour cela il faudroit que chacun eût *autorité* sur lui-même. Il faudroit que le peuple fut son souverain à lui-même, que chacun pût se placer tout entier au-dessus de sa tête pour constituer quelqu'un sur lui-même: absurdités dont nous avons démontré plus d'une fois la révoltante impossibilité. „Celui, observe *l'Abbé Proyart*, qui diroit à un Roi: „ vous avez, sire, la souveraineté sur vous-„ même, parleroit le langage des petites-„ maisons. Le dire à tout un peuple, ce „ n'est pas corriger, c'est étendre l'absur-„ dité."

VIII. Pour pouvoir constituer, même de la part de Dieu, il faut conférer la souveraineté et pour la conférer il faut l'avoir. Or, Dieu n'a jamais donné et jamais il ne donnera la souveraineté aux peuples: et pourquoi? Par une raison bien simple: c'est qu'il n'a jamais pu le faire. Dieu, tout Dieu qu'il est, ne peut pas changer l'essence des choses. Il est aussi impossible à Dieu de donner *la souveraineté* à un peuple, qu'il lui est impossible de concilier la nuit et le jour et de faire un bâton sans deux bouts. On nous l'a dit cent fois: un bâton sans deux bouts cesseroit par cela même d'être un bâton. Il en est exactement de même de toute espèce de gouvernement les deux bouts d'un gouvernement sont *le peuple et le souverain:* simple ou composé, cela est égal: ces deux bouts sont essentiellement distingués l'un de l'autre. Une peuple qui pourroit un instant devenir souverain cesseroit par cela même d'être peuple: un souverain qui pourroit un instant devenir sujet, cesseroit à l'instant même d'être souverain. „ Un peuple souve- „ rain sont deux termes absurdes et vides de „ sens, dit un autre auteur; que signifie en „ effet un souverain de lui même; une nation „ source de sa propre autorité? . . . . Le „ pouvoir de la souveraineté est préexistant „ à l'ordre social: . . . . Dans aucun cas, „ ni dans l'origine, ni dans la suite, ni dans „ le droit ni dans le fait, le peuple n'est „ souverain . . . Sa prétendue souveraine- „ té n'existe pas même dans la République „ la plus démocratique. Car dès qu'il y a „ *des gouvernans et des gouvernés*, une partie „ du peuple est le souverain, l'autre le sujet. " Il répugne que l'universalité d'un peuple soit souveraine d'elle-même. Ceux qui se jettent dans de pareilles absurdités, ne pensent pas que Dieu, tout Dieu qu'il est, est dans l'impossibilité physique de donner jamais ni de pareilles commissions, ni de pareils pouvoirs. *)

IX. Dans le spirituel, comme dans le civil, quand Dieu voulut constituer extraordinairement, il en fut bien le maître sans doute; mais quand il le fit, il n'eut pas besoin des hommes, il sut bien constituer par lui-même: et qui constitua-t-il? *Des Prophètes, des Envoyés.* Et quand une fois il eut constitué des envoyés, par qui constitua-t-il? Ce fut par ses Envoyés, ce ne fut pas par les peuples; puisque c'étoit sur les peuples qu'il falloit constituer. Donc, dans l'ordre extraordinaire, jamais les peuples n'ont été *les ministres de Dieu* dans l'installation des Puissances.

X. Dans l'ordre ordinaire, quand Dieu voulut constituer, il le put et il le fit également sans doute; mais quand il le fit, il lui fut encore bien plus impossible de se servir des peuples. Quand il donna *un auteur universel* au genre humain, les peuples n'exi-

---

*) Quand l'histoire dit que les peuples constituèrent sur eux, elle ne parle pas des constitutions de droit, mais des constitutions de fait. Pour conférer la souveraineté, il faut l'avoir, et les peuples ne l'ont pas. Donc, ils ne sauroient constituer. (*V. Intérêt de la Monarchie Prussienne.*)

stoient pas: et quand il donne *un auteur universel* à chaque branche du genre humain, cette branche du genre humain n'existe pas davantage. Dans l'ordre ordinaire de la nature, comme le dit fort bien l'auteur cité plus haut, *la souveraineté* est essentiellement antérieure à l'existence même des peuples: son existence est bien plus sensible, bien plus frappante, bien plus indestructible encore que dans l'ordre surnaturel, puisque Dieu l'a attachée corporellement au titre même *d'auteur universel*, qu'elle est inhérente à sa qualité de père . . . Et quand ce Père universel est constitué, par qui Dieu constitue-t-il? Est-ce par le peuple qui n'existe pas? Cela est impossible. Par qui donc constitue-t-il? *C'est par le père.* C'est par le père qu'il fait les partages, c'est par le père qu'il fait les lois, c'est par le père qu'il arrange la cité, qu'il constitue et qu'il destitue, qu'il abroge et qu'il change les constitutions : enfin c'est par lui que Dieu regne, qu'il confére et qu'il retire la souveraineté: c'est là *son ministre* dans l'ordre ordinaire.

XI. D'après cela, je dirai: dans la constitution primitive de chaque cité, ce n'est point par le peuple qui n'existe pas encore, c'est par le père que Dieu parle, c'est par le père que Dieu agit. C'est là très-certainement *son ministre, son agent, son représentant.* En vertu de *l'autorité* suprême dont

Dieu l'a investi, c'est lui qui a fait les lois, et le peuple les renverse. C'est lui qui a arrangé sa cité et le peuple la dérange. C'est lui qui a constitué, qui a désigné ses successeurs, et le peuple vient les chasser, les proscrire, les massacrer. Je dirai que ces révolutions sont des attentats, non-seulement contre le fondateur, mais contre Dieu lui-même: je dirai que celui qui résiste aux volontés du fondateur résiste aux volontés de Dieu lui même; que celui qui dérange la constitution du fondateur, dérange la volonté de Dieu lui même; je dirai que non-seulement Dieu ne permet pas aux peuples de toucher aux constitutions, mais qu'il le leur défend; non-seulement qu'il ne confére pas son autorité aux nouveaux constituans, mais qu'il les proscrit; non seulement qu'il n'approuve pas la nouvelle constitution, mais qu'il la condamne. Je dis qu'il punira sévérement et ceux qui font les révolutions et les peuples qui les aident et les auteurs qui attribuent témérairement aux peuples de pareils droits et de pareils pouvoirs. *)

---

*) Qui entreprend de renverser les Puissances n'est pas seulement ennemi public, mais encore ennemi de Dieu. (*Dit Bossuet, Polit. Liv.* 2.)

XII. *Dans l'ordre ordinaire comme dans l'ordre extraordinaire*, il est donc certain que toute puissance vient de Dieu ; mais par qui vient-elle? *Est-ce par les peuples? Est-ce par les pères?* Voilà la question. Tout dépend de là. Nous avons prouvé que jamais les peuples n'ont pu ni avoir, ni posséder, ni recevoir, ni conférer la souveraineté, ni de la part de Dieu, ni de la part des hommes, ni ordinairement ni extraordinairement, ni naturellement ni surnaturellement, ni dans les monarchies ni dans les Démocraties ni dans aucune forme de gouvernement ; que le terme *de Peuple et de souverain* n'ont jamais pu se concilier ensemble. Donc, jamais la ineté n'a pu venir de Dieu par les peuples.

Par qui donc vient-elle? La chose saute aux yeux. Dans l'ordre surnaturel, elle vient de Dieu par ses envoyés qui, dans cette partie, deviennent les Péres spirituels des peuples. Dans l'ordre ordinaire, (le seul dont il soit ici question.) *L'autorité universelle* vient de Dieu par *l'auteur universel* de chaque cité. C'est très certainement lui que Dieu a constitué et par lequel il a constitué dès les premieres générations, long tems avant qu'il pût y avoir des peuples.

XIII. Delà s'ensuivent des raisonnemens aussi simples que naturels que l'on a déjà probablement faits et qui nous paroissent concluans.

1. Par tout pays, *l'auteur universel* qui fonda la cité en est essentiellement *l'auteur civil.* Or, cet auteur universel est l'ouvrage de Dieu même: donc par tout pays *l'auteur civil* est l'ouvrage de Dieu même.

2. Par tout pays, *le droit de cet auteur universel* sur la cité est essentiellement *l'autorité civile;* donc, par tout pays l'autorité civile est l'ouvrage de Dieu; donc l'autorité civile vient immédiatement de Dieu lui même.

3. Par tout pays, *l'auteur universel* de chaque peuple existoit long tems avant qu'il y eût des peuples, puisqu'il existoit avant la premiére famille de chaque pays: donc *l'autorité civile* n'est jamais venue de Dieu par les peuples, elle est toujours venue de Dieu *par l'auteur universel.*

4. Par tout pays, *l'auteur universel* avoit fait les loix, les partages, la constitution civile long tems avant qu'il y eût des peuples: donc, par tout pays, les loix et les constitutions sont indépendantes des peuples, elles ne peuvent avoir d'autre régle que l'esprit et la volonté indestructible *de l'auteur universel.*

5. Mais si, par tout pays, *l'auteur universel* de chaque cité avoit fait les loix et la constitution long tems avant qu'il y eût

des peuples, il est évident que, par tout pays, il y avoit des loix et des constitutions long tems avant les républiques, long tems avant les conventions, long tems avant qu'il put y avoir des assemblées populaires. Donc, l'ordre civil n'a été crée ni dans les conventions ni dans aucune assemblée populaire. Cette origine est phisiquement et radicalement impossible . . . Cependant c'est dans ces assemblées populaires infiniment postérieurs à la naissance des corps civils, que nous avons cru avoir la création des corps civils par les peuples.

---

§. VII.

Des Assemblées Primordiales.

I. Les adversaires diront-ils que les assemblées populaires dont on parle sont *des assemblées primordiales*, qui se tont tenues antérieurement à la création des gouvernemens, sans quoi les gouvernemens ne seroient pas l'ouvrage des peuples, et tout porteroit à faux?

Rép. Mais où sont-elles *ces assemblées primordiales* qui se sont tenues antérieurement à la création même des gouvernemens? Car enfin, quand on ose attaquer non seulement les fondateurs des Empires, mais Dieu lui même dans le plus beau de ses droits: Quand on ose affirmer d'un ton positif: que ce n'est pas le tout puissant qui a donné des souverains aux peuples; que ce sont les peuples qui se sont donné des souverains et qui leur ont prescrit des conditions dans des assemblées; le moins qu'on puisse demander aux fauteurs de cette audacieuse assertion, comme le dit fort bien *Mr. Bossuet*, c'est qu'ils prouvent ce qu'ils avancent.... *Où sont-elles ces assemblées primordiales; où se sont elles tenues?...*

II. J'ignore si d'autres ou plus heureux ou plus instruits que moi ont pu se procurer la dessus quelques renseignemens: pour moi, après avoir fait de très bonne foi toutes les recherches dont j'etois capable, j'avoue que je n'ai trouvé ni dans l'histoire, ni dans les monumens, quelqu'anciens qu'ils soient, la moindre trace de ces assemblées primordiales. Je vois *Osiris* régner en Egypte; pas la plus petite mention d'assemblée. Je vois *Egialeus* régner à Sicione; pas la plus petite mention d'assemblée. Je vois *Inachus* régner à Argos; pas la plus petite mention d'assemblée. Je passe chez les scythes, les cafres, les gétules, les peuples les plus barbares et les plus éloignés de la parfaite civilisation, je trouve par tout des chefs et des Rois; pas la plus petite mention d'assemblée. J'ai suivi l'une après l'autre la chaîne des Rois *d'Egypte, de Babylone, d'Argos, de Tyr, de Lydie, de Troïes, d'Athênes, de Lacedémone, de Macédoine, du Latium*, enfin de tous les peuples les plus anciens ; pas la plus petite mention d'assemblée. J'ai cherché dans les publicistes, moralistes et théologiens qui se sont déclarés pour cette opinion ; pas la plus petite mention d'assemblée! . . . *)

III. Mais, dira-t-on *avec Puffendorf*, que la raison supplée au silence de l'histoire ? que c'est elle qu'il faut écouter quand les monumens ne parlent pas? *nihil autem*

*) Nos adversaires se fondent sur les conventions primitives : en citent-ils une seule ? Au contraire, ils conviennent hautement que tous les faits, toutes les histoires, tous les monumens sont contr'eux : *nulla litterarum monumenta extant*. Désolés de n'avoir à citer aucuns faits, ils en appellent à la raison. Mais la raison nous crie encore plus fort que l'histoire, que cette création par les peuples fut phisiquement impossible. Comment veut-on que les peuples aient contracté, délibéré, qu'ils se soient assemblés avant leur existence? Existoient-ils lors de la séparation domiciliaire des premiers enfans ? Cependant, ces premiers partages furent très certainement des loix.

obstat quominus-alicujus rei origines ratiocinando inveniri possint, ut ut de jisdem nulla litterarum monumenta extant: et que la raison nous prouve l'existence de ces assemblées?

Rép. C'est tout le contraire. C'est précisément par la raison, qu'il est démontré que l'ordre social exista nécessairement dans chaque pays, dès le partage des premiers enfans. C'est précisément par la raison qu'il est démontré que, par tout pays, la création des gouvernemens précéda de beaucoup l'existence des peuples. C'est précisément par la raison qu'il est demo[illegible]é que jamais les peuples n'ont pu assister à la création primordiale des gouvernemens. Si, dans l'origine, les neuples eussent arrangé les gouvernemens, tous les premiers gouvernemens eûssent été *républicains*; il est de fait qu'ils furent tous monarchiques. Ils eûssent été électifs: il est de fait qu'il[illegible]ent tous héréditaires. On les eût donnés au mérite; il est de fait qu'on les donna à la naissance. On eût élu des hommes formés; il est de fait que c'étoient souvent des enfans. Si, dans l'origine, les peuples se fûssent soumis par contrat: la datte, le lieu, les articles, les conditions de cet acte eûssent passé à la postérité. Ce fameux contrat eût été rapellé à toutes les époques, cité dans toutes les affaires, dans tous les traités, dans tous les événemens. A la mort de chaque tyran, dans les séditions et les révolutions sur tout; dans toutes les enfances et les minorités des Rois, on n'eut pas manqué de le faire revivre. Cet acte primordial si important pour le prétendu droit des peuples, eût été répété de bouche en bouche, transmis d'âge en âge, conservé dans toutes les archives, perpétué dans toutes les histoires: voilà ce que nous crie la raison: il est de fait qu'il n'est nulle part.

IV. Où sont-ils donc ces contrats fameux: où sont-ils ces premiers souverains créés par les peuples? Qu'on nous en cite un seul! . . . *Nemrod*, *Cham*, *Osiris*, tous les premiers Rois dont l'histoire fasse mention, assemblent-ils leurs descendans futurs pour leur demander la permission de régner sur eux? . . . Après ces premiers Rois, *Oerus* fils d'Osiris, *Ninus* fils de Belus, *Phroneus* fils d'Inachus assemblent-ils les peuples pour leur demander la permission de monter sur le trône de leur Pére? Leurs successeurs assemblent-ils les peuples pour leur demander la permission de remplacer leurs prédécesseurs? . . .

V. Où sont-ils donc ces contrats fameux, où sont-ils ces premiers souverains créés par les peuples? Sont-ce les chefs des colonies qui quittent les cités primitives pour aller former ailleurs des établissemens? Tous ces chefs ne sont-ils pas tous des Princes du sang, des chefs de diverses branches, des fils de Rois constitués par les Rois eux mêmes sur une partie de leurs sujets? *Ce Danaus*, dont nous avons fait mention, qui va descendre dans l'Argolide avec ses gens, n'étoit-il pas fils de Bélus? *Agénor* le Pére des phéniciens n'étoit-il pas fils de Neptune? *Cadmus* n'étoit il pas fils d'Agenor? *Dardanus* Pére des Dardanides n'étoit-il pas fils d'Electre et de Jupiter? *Enée* n'étoit il pas descendant de Dardanus? *Hector* chef des troyens proprement dits n'étoit-il pas fils de Priam? Tous ces chefs, avant de partir, demandoient-ils aux colonies qu'ils conduisoient, la permission de les conduire? Enfin *Cecrops*, *Didon*, *Hercules*, *Romulus*, tous les chefs des anciens peuples en général, demandoient-ils à leurs sujets la permission de les gouverner? Ne se plaçoient-ils pas tous à la tête des Peuples sans conventions et sans contrats, en vertu de leur naissance et de la volonté constitutive de leurs Péres?

VI. Où sont-ils donc ces contrats fameux, où sont-ils ces premiers souverains créés par les peu[illegible]? Sont-ce les conquérans? *Sésostris*, [illegible], *Semiramis*, *Cyrus*, *Aléxandre*, tous ces conquérans anciens et nouveaux en général, quand ils ont voulu porter au loin la terreur de leurs armes, assemblérent-ils les peuples pour leur demander la permission de les conquérir? . . . *Perdicas*, après la mort d'Aléxandre, assemble-t-il les peuples conquis pour donner l'Egypte *à Ptolomée*, la Syrie *à Laömédon*, la Macédoine *à Antipater?* ... Tous ces Rois, quand il est question de prendre possession des Royaumes qui leur sont assignés, assemblent-ils les peuples pour leur demander la permission de régner sur eux? font-ils avec eux des conventions et des contrats?... Quand une assertion est suffisamment prouvée, se tourmenter encore à entasser preuves sur preuves et citations sur citations, c'est une surabondance déplacée que la saine raison n'admet pas; mais aussi, que sans preuves, sans citations, sans autorités, sans témoignage ni de poéte, ni d'orateur, ni d'historien, ni d'aucun écrivain quelqu'il soit, comme le dit fort bien *Mr. Bossuet*, on ose affirmer que, dans l'origine, ce sont les peuples qui se sont donné des souverains et qui leur ont prescrit des conditions; et cela sans montrer ni l'original ni la copie de ces conditions, sans les connoitre en aucune maniére et sans en avoir le moindre soupçon, c'est un autre excès qui n'a point de nom, et on ne peut abuser davantage de la foi publique. *)

VII. Les partisans des conventions écrasés par l'évidence des faits se trouvent enfin forcés de convenir que, dès l'origine, à com-

*) Mr. Bossuet 5te avert. chap. I.

mencer par *Nemrod*, *Osiris* et autres, il y a eu une infinité de Rois qui n'ont pas été élus par les peuples, qui ont même régné malgrè eux. Mais ils vous disent que, par le laps du tems, les peuples y ont donné *un consentement présumé*.

Voilà donc, de l'aveu des adversaires eux mêmes, à quoi se réduisent toutes ces assemblées primordiales, tous ces contrats fameux où les peuples créoient des Rois et dictoient des conditions aux souverains: *à un consentement présumé* qui arrive long tems après l'établissement même des gouvernemens, qui se donne sans assemblées, sans contrats, sans conventions, par un peuple qu'on n'interroge pas, qu'on ne consulte en rien, et qui n'a rien arrangé de tout ce qui existe. Après avoir bien cherché par tout, *Pufendorf*, *Rousseau*, *Burlamaqui*, tous les partisans des conventions en général sont convenus hautement que dans l'histoire toute entiére il n'y avoit pas d'autre preuve du contrat primordial. *Nulla de jis litterarum monumenta extant.* *)

*) Ces assemblées *d'anciens* qu'on voit chez les sauvages ne sont ni des assemblées primitives, ni des assemblées républicaines, comme quelques auteurs l'ont cru. C'est, *comme le dit le Père Labat*, l'assemblée des principaux chefs de famille du pays:

VIII. D'après cet aveu éclatant des partisans des conventions, on a tout droit de leur dire: quand il seroit bien vrai qu'il eût existé par la suite *ce consentement tacite et présmné* que vous supposez dans les peuples; de votre propre aveu, les gouvernemens existoient auparavant, donc, les gouvernemens ne sont pas l'ouvrage des peuples; les gouvernemens étoient arrangés auparavant, donc l'arrangement des gouvernemens ne vient pas des peuples; ce consentement postérieur s'est donné sans conventions et sans assemblées: donc, les gouvernemens n'ont pas été créés dans les assemblées des peuples. Donc, par tout pays, ils ont été créés, comme nous le disons, *par le Pére universel*, long tems avant l'existence des peuples, lors de l'établissement des premiers enfans. Donc, la supposition seule de ce consentement tacite et présumé (fût-il possible) renverse tout votre syssême.

---

et *ces anciens* sont aussi maîtres, aussi indépendans, aussi souverains qu'Abraham, Escol et Mambré l'étoient dans leur maison. C'est de *ces anciens* que naquirent les *seigneurs* conséquemment les nobles du *Mexique* et *du Pérou*. Tous les seigneurs d'Europe, d'Asie, d'Afrique et d'Amérique, en général, sont également venus des chefs primitifs.

IX. Mais je le demande à l'homme de bon sens : qu'entend-on *par ce consentement présumé* postérieur à l'établissement des gouvernemens ? N'est-ce pas là une véritable dérision pour les peuples ? Je demande quelle espèce de contrat je passe et quelle espèce de contrat je peux passer, après l'établissement des gouvernemens, avec un souverain qui est toujours prêt à tomber avec cinquante mille hommes sur moi et sur chacun de ses sujets isolés si nous refusons d'obéir à ses loix ?

X, *Mais enfin, vous consentez*, dit on, *à ses loix puisque vous restez sous son gouvernement !* . . .

Rép. Je reste sous son gouvernement parce que je ne veux pas quitter ma terre, ma maison, les biens et le Patrimoine de mes Péres : j'y reste parce que j'y suis intéressé, parce qu'ailleurs je ne trouverois pas mieux, que je trouverois peut être encore pis. J'y reste parce que j'y suis forcé, parce que j'y suis obligé : un sujet qui s'est fixé dans un état et qui a [illegible] des avantages du gouvernement n'a pas plus le droit de quitter son souverain, sans sa permission, qu'un enfant n'a le droit de quitter son Pére.

XI. *Un consentement présumé !* . . . Mais où est-il ce consentement présumé que personne ne donne et que personne ne demande ? A quelle marque le reconnoit on ? . . . A quoi me sert-il votre consentement présumé? Que je consente ou que je ne consente pas, le gouvernement en est-il moins établi, en ira-t-il moins son train? si j'y résiste, le gouvernement me forcera-t-il moins d'obéir?... Si ce silence perpétuel et forcé d'un sujet à l'égard du gouvernement est un contrat, ne craignons point d'outrer les choses, il n'est point de prisonnier qui ne contracte journellement avec le geolier qui le tient dans les fers, ni de criminel qui ne contracte avec le bourreau qui le met à mort.

XII. *Un consentement présumé!* Mais à quoi bon ce consentement présumé auquel on tient tant? „ Est-ce donc par consente-
„ ment et par contrat qu'un Pére est lié
„ avec ses enfans et que les enfans sont liés
„ avec leur Pére? ... N'est ce pas là
„ chose [illegible] monde la plus insensée, *dit Mr.*
„ *Bossuet* traitant ce sujet importánt avec sa
„ supériorité ordinaire? Les enfans qui sont
„ au berceau ont-ils fait aussi un pacte avec
„ leurs parens pour les obliger à les aimer
„ plus que leur vie? ... Mais les parens
„ ont-ils eu besoin de faire un pacte avec
„ leurs enfans pour les obliger à leur obéir?
„ C'est bien écrire sans réfléxion que d'allé-
„ gùer ces prétendus pactes ...

XIII. „ Qui ne voit, en tout cela dans
„ les adversaires, continue cet homme élo-
„ quent, des hommes emportés par des ap-

„ parences trompeuses, qui ont confondu le „ terme *de pacte* avec celui *d'obligation et de* „ *devoir?* Sans vouloir seulement con„ sidérer qu'il *y* a des obligations mutuelles „ qui viennent à la verité d'une convention „ entre les parties, et c'est ce qu'on appelle „ *pacte*: Mais aussi qu'il *y* en a qui sont „ établies par la volonté du supérieur, c'est „ à dire de Dieu, qui ne sont pas *des pactes* „ *et des conventions*, mais des loix suprêmes „ et inviolables qui ont précédé toutes les „ conventions et tous les pactes. Car qui „ jamais a ouï dire qu'il soit besoin d'une „ convention, ou même qu'on en fasse aucune „ pour se soumettre à la loi, et encore à la „ loi de Dieu, comme si la loi de Dieu em„ pruntoit sa force du consentement des par„ ties à qui elle prescrit leurs devoirs? " *)

---

*) Ce texte fameux dont on a tant abusé, *lex fit consensu populi et constitutione Regis*; ne veut pas dire: la loi se fait *par le consentement du peuple.* D'après le contexte du capitulaire d'où il est tiré, il veut dire: *la jusice se rend* d'après le loix portées par le Roi et l'avis de l'assemblée: ce qui fait une différence énorme. C'est ce que *Mr. Bonnaire* a prouvé complettement par les antécédens et les conséquens. En général, dans la confection des loix, le souverain est tenu

En vain répéteroit on que, dans cet avertissement, *Mr. Bossuet* ne parle que d'un Pére particulier: il parle de tous les Péres qui sont constitués par la loi de Dieu. Or, très certainement le premier Pére qui peuple un pays, qui fait ensuite les parts à ses enfans lors de leur mariage, est établi par la loi de Dieu aussi bien que tous les autres Péres. Il ne tire pas son autorité du consentement de ses descendans, il la tire de l'acte de la génération aussi bien que les autres Péres; il ne tient pas sa paternité du consentement de ses descendans, il la tient de la loi de Dieu aussi bien que les autres Péres, et il en est de même *du pére universel* de chaque branche du genre humain. Ce n'est pas parce qu'on y consent, qu'on est tenu de lui

---

de se conformer à l'esprit du fondateur. S'il s'en écarte, le peuple a le droit naturel de lui faire des représentations. Mais au droit du fondateur, c'est bien le souverain lui seul qui fait la loi et qui a le pouvoir de la faire. Le consentement du peuple est une clause absurde, impossible et illusoire dans tous les pays, puis qu'il est impossible de consulter le peuple en corps, et que par tout pays il y avoit des loix avant les peuples, sans les peuples et malgrè les peuples (*V. Pouvoir législatif sous charlemagne.*)

obéir, on y est obligé *par la loi de Dieu même.* Violer les loix de cette subordination, c'est selon les belles expressions *de Mr. de Fénélon,* un crime *de lèse majesté divine.* Et pour terminer ce beau morceau *de Mr. Bossuet* par la pensée sublime *de Mr. Bossuet* lui même; Si, comme personne ne peut le nier, *ce pére universel* est constitué par la loi de Dieu même, ses droits ne sont point fondés sur une convention, mais sur le loi de Dieu lui-même, de sorte que si par impossible, *ce Pére universel* pouvoit perdre ses droits, *ce seroit Dieu qui perdroit les siens.*

XIV. *Et si ce souverain abuse de ses pouvoirs, qui est-ce qui le punira?* . . .

Rép. Ce sera Dieu. Avez-vous un autre tribunal dans votre sistême? Oserez vous en ériger un autre? . . . Si Dieu n'a pas attendu le consentement des enfans pour constituer sur eux *un Pére universel,* il n'a pas attendu non plus le consentement du Pére universel pour l'obliger à avoir soin de ses enfans. Tous ces rapports, comme le dit fort bien *Mr. Bossuet,* ne sont point du tout des rapports de convention, ils sont fondés sur la loi de Dieu même. Que les enfans consentent ou non, il leur est ordonné d'obéir. Que le Pére consente ou non il lui est ordonné de bien gouverner ses enfans. „ J'avoue „ donc, continue le même auteur, qu'il y a „ des obligations mutuelles *entre un Pére et*

„ *un enfant, entre le Prince et le sujet*, desorte „ qu'à cet égard il n'y a point de pouvoir „ sans bornes, puisque tout pouvoir est „ borné par la loi de Dieu et par l'équité „ naturelle. Mais que de telles obligations „ soient fondées *sur un pacte mutuel*, loin que „ les adversaires l'aient prouvé, ils n'allé„ guent que de faux principes qu'ils ne sau„ roient soutenir de bonne foi dans leur „ coeur, et que par conséquent ils n'entendent „ pas quand ils les avancent. " Paroles qui font voir clairement: que dans cet avertissement tout entier, *Mr. Bossuet* fait marcher de front les droits des Péres et les droits des souverains, qu'il leur attribue la méme source et qu'il les fonde tous sur la même loi, sur *cette loi suprême et inviolable qui a précédé de long tems tous les pactes et toutes les conventions des hommes.* *)

XV. Cette loi suprême du maître de la nature qui donne indispensablement à chaque peuple *un Pére universel*, qui commande impérieusemens au Pére de bien gouverner, aux enfans de bien obéir, lie, ce me semble, le souverain avec ses sujets, un peu plus solidement que *le consentement tacite et présumé* d'un peuple, qui ne se tait qu'autant qu'il est le plus foible, et qui se révolteroit

*) (V. Mr. Bossuet 5. avert. ch. L. et LIII. Sur les pactes sociaux.)

quand il est le plus fort, s'il n'étoit contenu par une autorité qui est audessus de tous les souverains et de tous les peuples. Toute erreur produit le désordre, celle *du consentement présumé* est la plus absurde et la plus désastreuse de toutes les erreurs.

---

§. VIII.

Résumé.

I. Qu'on parcoure tous les pays, qu'on aborde les isles les plus sauvages: par tout où l'on trouvera des hommes, dit *le Pére Berthier*, on trouvera des gouvernemens, et des gouvernemens de bien des espéces. Eh bien, parmi cette multitude prodigieuse de gouvernemens différens, on n'en trouvera pas un seul qui ait été constitué par les peuples: cela est impossible: pourquoi cela? Parce que jamais les peuples n'ont eu l'autorité souveraine; jamais ils n'ont pu la recevoir; jamais Dieu lui même n'a pu la leur conférer, ni ordinairement ni extraordinairement. Par tout, ce fut *au Premier Pére* de chaque nation que Dieu la donna dabord. Par tout, ce fut *ce Pére universel* qui gouverna dabord ses enfans, qui fonda bientôt la cité, et qui en devint essentiellement le souverain civil long tems avant qu'il pût y avoir des peuples. *)

II. On sait très bien que long tems après l'origine des gouvernemens, long tems même après l'apparition des peuples, dans certains pays sur tout, il y eut *des séditions, des révolutions*, des assemblées populaires à la faveur des quelles on chassa ses anciens souverains, on en nomma de nouveaux; mais ces séditions sont des crimes, ces révolutious sont des attentats: et des crimes ne constituent pas; des crimes ne transportent pas les droits! . . . Long tems avant ces révolutions, long tems même avant d'exister, le peuple avoit déjà des maîtres, il en eut encore après. En chassant ses souverains de droit, il prit nécessairement des souverains de fait: et ce sont ces souverains de fait qui lui donnent de nouveau des loix et des constitutions, qui le lient, qui le garottent

---

*) Chez les sauvages le *cacique* n'est pas nommé par le peuple. Il est nommé, comme le *dit le P. Labat*, par les principaux chefs de famille: c'est d'eux qu'il tire son autorité soit temporaire, soit perpétuelle. Par tout pays, l'autorité vient de l'auteur universel de chaque tribu, d'où elle passe aux senieurs et de là aux Caciques, aux rois, aux empereurs. C'est par tout la même marche.

jusques dans ses nominations mêmes. *Donc, jamais le peuple ne s'est donné des gouvernemens.*

IV. On sait très bien que long tems après l'origine des gouvernemens, long tems même après la formation des peuples, dans certains pays sur tout, il y eut *des conventions et des fédérations*, des assemblées populaires où plusieurs petits peuples convinrent ensemble de se réunir et de former des gouvernemens de diverses espéces; mais dans ces conventions et ces réunions, ces petits peuples avoient des chefs, et c'étoient ces chefs qui conféroient l'autorité souveraine, ce n'étoit pas le peuple; mais long tems avant ces conventions et ces grandes formations, l'ordre civil étoit créé, *l'autorité universelle* existoit essentiellement *dans le Pére universel* de chaque petite nation, dès avant la cité, dès avant la famille primitive, conséquemment bien long tems avant les assemblées populaires dont on parle. *Donc, jamais le peuple ne s'est donné des gouvernemens.*

V. Enfin, on sait très bien que depuis l'origine des gouvernemens, les corps civils ont beaucoup varié; qu'ils se sont trouvés dans bien des états, tantôt petits, tantôt grands; tantôt monarchiques, tantôt républicains; tantôt simples, tantôt composés; tantôt fixes, tantôt errans; tantôt foibles, tantôt vigoureux; tantôt barbares, tantôt civilisés; tantôt agités, tantôt paisibles; „ la société comme l'homme, *dit l'auteur de* „ *la théorie politique*, nait, croit, se déve- „ loppe au moral comme au phisiqne. Com- „ me lui, elle décline, elle vieillit, elle meurt „ par la dissolution. Tant que les pouvoirs „ souverains sont dans les mains d'un seul, la „ constitution est ferme. Dès que les pou- „ voirs se divisent, la constitution s'ébranle. „ Quand on veut les étendre à tous, la constitu- „ tion périt, parce qu'elle est impraticable. " Voilà le vrai. Il en est des gouvernemens comme des individus. Ils ont leur enfance, leur accroissement, leur déclin, leur décrépitude, leurs crises, leurs maladies, leurs accidens de toute espèce qui peuvent y apporter de grands changemens; mais malgré tous ces changemens et au milieu de tous ces changemens eux mêmes, il est une chose qui ne change pas et qui ne varie jamais dans ses opérations, *c'est la nature.*

VI. Que l'on coupe, que l'on ébranche qu'on plante et que l'on transplante: dans les jardins, comme dans les déserts, les arbres poussent de la même maniére. Quelque sauvage qu'on le suppose, chaque arbre social aura sa souche, chaque branche du genre humain aura son chef. Dans sa source et dans la nature *l'autorité* ne varie jamais, elle vient toujours *d'autor.* Quelque vicissitude u'on suppose dans la forme des gou-

BIBLIOTHÈQUE ROYALE

vernemens; qu'ils deviennent successivement monarchiques et republicains, barbares et civilisés, agités ou paisibles; dans tous les tems, dans tous les pays et dans tous les climats, *l'auteur universel* de chaque nation existoit essentiellement avant la famille, il existoit avant la cité, il existoit à plus forte raison long tems avant qu'il pût y avoir des peuples, conséquemment long tems avant la formation des grands gouvernemens. Partout le gouvernement naquit de la même manière. C'est *dans l'auteur universel* de chaque nation que la souveraineté prit sa source. Jamais elle ne marchera qu'à ses ordres. C'est delui qu'elle passa à ses successeurs, qui l'ont transmise aux souverains actuels, d'où elle passera à ceux qui gouverneront jusqu'à la consommation des siécles. Si la forme a changé, ce sont les souverains de fait qui ont opéré ces changemens. Si les droits ont été transmis, ils l'ont été par les souverains de droit. Jamais le peuple, même après la formation, ne fut qu'instrument passif dans toutes ces révolutions.

VII. Tant que le peuple n'est composé que des descendans du fondateur, il n'y a pas le plus petit embarras; *son autorité universelle* s'étend à tous et suffit pour les gouverner, quelque soit le souverain actuel qui lui succéde : mais depuis le fondateur, il a dû se mêler une multitude infinie d'étrangers avec ses descendans! . . . Où le souverain actuel prendra-t-il des pouvoirs *pour cette multitude infinie d'étrangers; pour des branches collatérales; pour des provinces nouvellement conquises; peut être pour des états totalement usurpés?* . . . Voilà le grand embarras . . . Ce ne sont pas *les variations*, c'est le mélange inévitable des corps civils. Cette difficulté a paru si grande à beaucoup d'auteurs, que c'est elle par dessus tout qui les a déterminés à recourir soit à Dieu soit au peuple *pour l'universalité des pouvoirs* . . . C'est cette derniére et importante difficulté qui nous reste à resoudre dans la question *des souverains actuels.*

PRINCIPES

OU

NOTES EXPLICATIVES.

P. I.

L'Amour de l'Indépendance.

L'amour de l'indépendance est le désir d'être débarassé du joug du mal physique qui nous a été imposé par l'auteur de la nature. Ce désir est dans la nature du corps qui répugne essentiellement au mal qui le gêne. Mais il n'est pas dans la nature de la raison qui nous démontre qu'il est impossible de faire le bien sans se donner du mal. C'est ce désir d'être délivré du mal physique qui constitue *la liberté fausse* après laquelle nous courons sans cesse et que nous n'attraperons jamais . . . Par la raison que c'est une liberté fausse, que jamais ce n'a été la liberté de l'homme. *)

Il est impossible dans ce monde que l'homme se délivre du joug du mal physique. S'il n'a pas de bien, il faut de toute nécessité qu'il se donne du mal pour en avoir. S'il a du bien, il faut qu'il ait l'inquiétude de le conserver, de veiller sans cesse sur tous ceux qui le désirent par des voies légitimes ou illégitimes, et tout bien considéré, cette sollicitude perpétuelle n'est pas le moindre de tous les maux. Cependant malgré cette sollicitude perpétuelle, quand une fois on a amassé du bien, il est certain qu'on peut se procurer bien des agrémens et se décharger sur les autres de bien des travaux, parce qu'on a dans les mains de quoi les faire travailler. C'est ainsi qu'un père qui par ses soins et ses fatigues a amasaé un petit fonds peut à son tour obliger ses enfans et ses domestiques à travailler pour en avoir leur part. C'est ainsi qu'un particulier qui

---

*) Plus les travaux sont durs, plus l'amour de l'indépendance est violent. Voilà pourquoi l'amour de l'indépendance et de la fausse liberté se manifésta dès l'origine, parce que les travaux de culture et de défrichement étoient infiniment plus durs encore que les nôtres.

a recueilli un héritage considérable de ses ancêtres peut obliger bien des ouvriers à travailler pour gagner leur subsistance. C'est ainsi que le premier occupant d'un pays, après avoir reçu de l'auteur de la nature les vastes domaines qui tombèrent en sa possession, eut de quoi faire travailler tous les sujets qui voulurent vivre sous sa dépendance. C'est ainsi qu'un souverain quelconque qui dispose des fonds publics de tout un royaume a de quoi faire mouvoir les bras de tous les individus qui se trouvent sous son empire. Voilà pourquoi, dans tous les états, la première place, malgré ses inquiétudes inévitables, présente toujours beaucoup plus d'attraits que les grades inférieurs sur qui elle domine. De-là cet amour inné de l'indépendance, cette ambition insatiable qui porte l'homme à monter de grade en grade jusqu'à la souveraineté et qui fait qu'arrivé à la souveraineté, il voudroit encore monter plus haut, parce qu'il sent que sur le trône même, il porte encore le joug du mal physique dont il voudroit totalement se débarasser et dont il ne se débarassera jamais.

Puisque le mal physique est le seul moyen de faire le bien et qu'il est impossible de l'obtenir autrement de l'auteur de la nature, l'ambition de parvenir au bien par la peine, par les fatigues et par les combats est une ambition noble, utile et très-légitime

L'ambition au contraire de parvenir au bien sans se donner de mal, par l'adulation, l'intrigue, la duplicité, est une ambition basse, honteuse et criminelle. C'est cette passion naturelle au corps, mais réprouvée par la raison, qu'on appelle *l'ambition fausse*, *la liberté fausse*, *la passion*, *la licence*, *l'amour de l'indépendance*. Et c'est cet amour inné de l'indépendance, ce désir déplacé de parvenir au bien sans en prendre le mal, qui a fait naître tous les vols, tous les meurtres, tous les assassinats, tour les crimes, tous les désordres et toutes les révolutions de l'univers. (*V. la liberté.*)

P. II.

Penchant à la révolte.

De l'amour de l'indépendance naît essentiellement *le penchant à la révolte*. Puis qu'il est impossible d'obtenir aucun bien de l'auteur de la nature sans se donner du mal, on sent assez que tout maître qui veut faire faire le bien est obligé d'imposer le joug du mal physique à ses inférieurs, sans quoi le bien ne se feroit pas. Mais comme le mal physique, tout inévitable qu'il est, est essentiellement gènant, on sent assez qu'un maître qui en impose le joug est essentiellement gênant lui-même, que celui au contraire qui propose de nous donner du bien sans nous donner de mal, nous plaît infiniment davantage. *)

De-là ce premier mouvement qui nous porte à nous révolter contre tous ceux qui sont chargés de nous imposer le joug de nos obligations et de nos devoirs; ce penchant perpétuel au contraire qui nous porte à écouter tous ceux qui nous en déchargent et qui nous appellent à l'indépendance. Allez prêcher au milieu d'un attelier nombreux, que tout le monde peut quitter le travail, qu'il est décrété *que tout est à la nation, que dans l'origine tous les biens étoient communs, tous les hommes égaux*, que l'homme laborieux et l'homme indolent avoient un droit égal aux

*) Dès l'origine, les hommes se révoltérent contre Dieu, les enfans contre leurs pères, les sujets contre leurs souverains. Toujours on chercha à secouer le joug du mal physique. Mais en vain: on ne s'en débarassera jamais. C'est *une liberté fausse* et conséquemment impossible. C'est *ce sécret principe d'indocilité, cette liberté farouche* qui cause les revoltes, que les factieux ont toujours jetté dans le coeur des peuples *(dit Bossuet V. avert. aux prot.)*

biens de la terre; soyez sûr que ce mensonge, tout grossier qu'il est, passera pour une vérité, que vous aurez sur le champ un auditoire nombreux et beaucoup de partisans .... Exigez au contraire l'épargne, l'économie, des sacrifices et des combats : dites que dès l'origine chacun étoit essentiellement *le propriétaire du fruit de ses travaux* : tous murmureront : cette vérité, toute incontestable qu'elle est portera à la révolte. Plantez devant un peuple l'arbre de la liberté, dites-lui que vous venez l'appeller *à l'indépendance*, et l'aider à chasser ceux qui le gouvernent. S'il voit quelqu'apparance de succès, soyez sûr que vous aurez le peuple pour vous. Prêchez ensuite à ce peuple mutiné la subordination, la dépendance, la nécessité indispensable de porter le joug: si vous êtes le plus foible; vous serez la victime de sa rebellion et de sa fureur ... Parce que le joug du mal physique, tout inévitable qu'il est, est fait pour nous gêner, que dans le premier mouvement, nous détestons ceux qui parlent de nous l'imposer : ceux au contraire qui promettent de nous en décharger' nous les écoutons avec joie.

Cette liberté passagère conduit-elle les hommes au bonheur? Non sans doute, puisqu'en ne faisant rien et dépensant beaucoup, ils tombent nécessairement dans la misère la plus affreuse ... Les conduit-elle à l'indépendance, comme vous le leur promettez? Cela est impossible. Quand ils seront dans la misère, il faudra de toute nécessité qu'ils reprennent le travail, et vous serez le premier à les y contraindre. Après avoir promis la liberté, vous ne donnez que l'esclavage. Après avoir condamné les anciens souverains, vous serez plus cruel et plus éxigeant qu'eux. Parce que cette promesse que vous avez faite aux hommes de les décharger du mal physique est une extravagance. Le joug qui nous est imposé par l'auteur même de la nature est inévitable. Plus nous le secouons, plus il retombe avec force et plus il devient pesant: jamais aucune puissance humaine ne pourra nous en délivrer.

Et c'est à quoi les souverains doivent bien prendre garde, Tous ceux qui les engagent à être bons, à rendre leurs peuples libres, ne les engagent pas toujours à les rendre heureux, puis qu'on ne sauroit être heureux que sous un gouvernement ferme et qu'un prince foible est le plus terrible fléau des états.

C'est sur quoi de leur côté les sujets ne sauroient trop se tenir en garde eux-mêmes. Tous ceux qui leur promettent d'être de bons maîtres, seront presque toujours mauvais. Ceux au contraire qu'on leur peint comme de mauvais maîtres seront presque toujours bons. Parce qu'il est impossible qu'un maître qui veut faire faire le bien puisse décharger ses sujets du joug du mal physique, et que celui qui propose de les en décharger est à coup sûr un imposteur qui les appelle *à une liberté fausse*, et les plongera dans la plus horrible misère.

P. III.

Source feconde de nos erreurs.

Quoiqu'il en soit, c'est cette aversion pour le joug et cet amour inné de l'indépendance, qui firent adopter si aisément dans tous les tems l'opinion de l'indépendance primitive, la formation de l'ordre civil par les peuples, et qui nous jettérent dans tant d'erreurs sur les gouvernemens. Il est vrai qu'on n'avoit jamais vu nulle part d'hommes indépendans, et que l'histoire n'avoit jamais parlé de conventions . . . Mais tout cela n'arrête pas l'esprit de sistême. Si l'histoire n'a jamais parlé de conventions, elle devoit en parler; et si l'on n'a jamais vu d'hommes indépendants, on devoit en voir! La passion voit tout ce qu'elle veut: tout ce qu'elle ne veut pas voir, elle ne le voit pas.

Certes, ces hommes dénués de tout, dont nous avons parlé dans cette question, qui en furent réduits à manger du gland, en arrivant dans certains païs, furent des êtres bien misérables aux yeux de la simple raison! . . . Ecoutez la passion, c'étoient les êtres les plus heureux et les plus fortunés, de la terre: le gland qu'ils mangeoient valoit infiniment mieux que nos mets les plus exquis: et quand les peuples seront sans pain, qu'on les aura réduits de nouveau à la nourriture des bêtes féroces, la régeneration sera complette; nous serons au comble du bonheur. Certes, tous ces peuples qui n'ont eu long tems que des chefs barbares et des gouvernemens barbares devoient vivre dans l'esclavage le plus affreux; la raison et l'histoire s'accordent à nous les montrer dans cet état! . . . Ecoutez la passion, tous ces êtres étoient libres, heureux, indépendans; jamais il n'y eut de sort plus digne d'envie: et si les peuples redeviennent heureux, un jour, ce sera quand on les aura replongés dans cet état délicieux de dénument et de servitude. Enfin, si vous écoutez l'histoire et la raison, dès l'origine, il y eut par tout des loix, par tout des chefs; les peuples barbares eux mêmes avoient des chefs barbares . . . Ecoutez la passion: dans l'origine, il n'y avoit ni loix, ni chefs, ni Rois nulle part; ou s'il y en avoit, c'étoient des despotes et des tirans qui avoient usurpé les droits des peuples.

En refusant de voir des Rois par tout

où il y en avoit, la passion a voulu voir des assemblées populaires par tout où il n'y en avoit pas. Certes, dans l'origine, quand le prémier occupant de chaque païs faisoit les premiers partages et conséquemment les premiéres loix à ses enfans, il est évident qu'il n'y avoit encore ni peuples ni assemblées populaires; la raison et l'histoire s'accordent à nous en démontrer l'impossibilité . . . Ecoutez la passion; sans en pouvoir citer un seul exemple, elle vous soutiendra qu'il y en eut dans tous les païs. Il est certain que toutes ces assemblées postérieures dont nous avons parlé, où l'on changea de souverains et de constitutions, n'étoient pas des assemblées primitives, puisqu'elles ne parurent qu'après une longue série de Rois . . . Ecoutez la passion, elle vous produira toutes ces assemblées postérieures comme des assemblées primitives, où l'on avoit créé l'ordre civil. Enfin, comme il faut nécessairement, dans ce sistême, que l'ordre civil ait été arrangé dans des assemblées primitives, on a transformé toutes les assemblées, en assemblées primitives; toutes les élections, en élections primitives: et de même qu'on n'a pas voulu voir des chefs primitifs par tout où il y en avoit, on a voulu voir des conventions primitives par tout où il n'y en avoit pas. C'est ainsi qu'on a raisonné et c'est ainsi qu'on raisonnera, tant qu'on partira du principe faux de l'indépendance: au lieu d'observer, on raisonnera d'après des hypotheses.

P. IV.

Causes de l'Aveuglement général.

L'inattention et l'intérêt: voilà ce qui fit admettre si aisément ce Principe faux: et comme ces deux grands défauts se retrouvent par tout, l'erreur n'eut pas de peine à se propager et a faire de rapides progrès. Puisque tous les peuples ont eu des Péres, il est évident que, dès l'origine, tous les hommes naissoient essentiellement à l'ombre d'une autorité tutélarie; qu'ils jouissoient des bienfaits du gouvernement en ouvrant les *yeux*; mais c'est précisément parce qu'ils jouissoient des bienfaits du gouvernement en ouvrant les *yeux*, qu'ils en jouissoient passivement, et sans *y* penser, comme de tous les autres bienfaits de la nature. Pourvû que le soleil continuât sa course, ils s'embarassoient fort peu de savoir comment Dieu le faisoit tourner: pourvû que leurs chefs les gouvernâssent, ils s'embarassoient fort peu de savoir d'où ils avoient tiré leurs pouvoirs. Pour jouir des avantages de l'autorité, ils n'avoient pas besoin d'en connoître la source. Et il en est de même de toutes nos jouissances. Portez une pendule chez des sauvages, et montrez leur simplement la maniére de la remonter; tant qu'elle ira bien, ils profiteront de ses effets, sans s'occuper du principe sécret qui la fait mouvoir.

Quand les peuples eurent perdu de vue la source des autorités *par inattention*, ils prirent très aisément le change *par passion et par intérêt.* Quand on vint leur dire: qu'ils étoient les maîtres de leurs souverains; que l'ordre civil étoit leur ouvrage; cette doctrine très accomodée à l'amour inné de l'indépendance, et débitée avec art par les factieux, ne tarda pas à s'insinuer dans les esprits et à s'enraciner dans les coeurs. Étonnés de voir leurs Rois monter sur le trône sans leur participation, se croiant blessés dans leurs droits: les uns sollicitérent vivement, pour l'avenir, le pouvoir de nommer leurs souverains; et des souverains imprudens le leur accordérent: d'autres plus impatiens et plus audacieux renversérent leurs anciens souverains et en nomméreut d'autres: *indé mali labes.*

Aussitôt que quelques peuples furent en possession de nommer leurs souverains, on fit entendre par tout que c'étoit un droit naturel; et on se persuade volontiers ce qu'on aime. Comme ces nominations se faisoient dans des assemblées populaires, on crut que, dans l'origine, tout s'étoit fait dans des assemblées populaires. Comme tout se décidoit à la pluralité des suffrages, on crut que, dans l'origine, tout s'étoit décidé à la pluralité des suffrages.

Voilà cependant les causes bien simples de l'aveuglement général. D'abord le défaut de réflexion sur tout ce qui se fait sans nous. Ainsi que nos sauvages qui, à force de voir tourner la pendule, se figurent que le principe du mouvement est dans les roües; à force de voir les peuples mûs *par l'autorité*, on crut que *la source de l'autorité* résidoit dans les peuples, et comme ce préjugé se trouvoit très-favorable aux passions, cette erreur enfanta bientôt *un Polythéïsme civil* mille fois plus extravagant que le Polythéïsme religieux. Dans le Polythéïsme religieux, les peuples n'avoient divinisé que leurs fondateurs; dans le Polythéïsme civil ils se divinisèrent eux-mêmes. Aussitôt qu'on eut attribué aux individus la formation de la souveraineté, chaque peuple devint un composé monstrueux de divinités. Chaque individu devint *un créateur* qui avoit tiré l'ordre civil du néant et qui le régénéroit quand il le vouloit en vertu de sa volonté toute puissante: (comme si la volonté humaine pouvoit *créer* de nouveaux êtres ! Comme si le moral ne consistoit pas dans de simples rapports, dans des lois déjà faites que l'homme suit ou qu'il néglige, qu'il observe ou qu'il n'observe pas!) Alors l'idée *de l'autorité* se trouva totalement dénaturée. Au lieu d'un être réel, ce ne fût plus qu'un ramas absurde de moralités, un extrait impossible de volontés et de suffrages: toutes les sources furent déplacées, toutes les bases de l'ordre moral et politique furent renversées; l'opinion publique fut absolument pervertie.

P. V.

Aveuglement des savans eux-mêmes.

Et comment les publicistes les plus estimables, les auteurs les plus célèbres se trouvèrent-ils enveloppés dans l'erreur? Etoit-ce faute de discernement et de lumières? Il s'en faut beaucoup. Ils étoient infiniment plus éclairés que nous ne le sommes nous-mêmes. Mais, comme l'observe fort bien *l'auteur judicieux des considérations sur la révolution sociale*, les premiers principes des choses sont placés si haut: ils sont si imperceptibles, si difficiles à découvrir par leur simplicité même, il existe entr'eux et nous une si longue file de causes secondes, une si prodigieuse complication de rouages qui nous frappent immédiatement les yeux : enfin la passion a formé entr'eux et nous un atmosphère si épais de préjugés, qu'on ne sauroit y arriver que par une espèce de hasard, après une suite soutenue de recherches pénibles et opiniâtres ; et qu'on ne s'y engage que quand on est stimulé par nu intérêt personnel, très-pressant et très-impérieux. Quand le grand ressort est cassé, les plus adroits de nos sauvages se hasardent enfin de démonter la pendule, et après en avoir mille fois remanié les pièces, un d'entr'eux soupçonnant qu'il peut y avoir quelque chose dans le tambour, trouve enfin le secret de l'ouvrir. Mais quand est-ce qu'on en vient à cette découverte ? C'est après avoir cherché très-long-temps. Et quand est-ce qu'on en vient à ces recherches ? C'est quand le grand ressort est cassé et que la pendule ne va plus : et lors que ces savans écrivoient, les gouvernemens alloient encore. La révolution épouvantable qui vient de casser le grand ressort des gouvernemens, n'avoit pas encore frappé leurs regards. „ C'est ainsi, ajoute „ le même auteur, que le secret de notre „ éxistence politique se trouve consister dans „ des vérités usuelles qui jusqu'ici n'avoient „ pas fait l'objet de nos recherches, par la „ raison seule qu'elles étoient journellement

„ l'objet de nos jouissances. “ Première cause de l'aveuglement des écrivains les plus célèbres : le défaut de réflexion sur tout ce qui se fait sans nous.

Tant que les gouvernemens suivent leur cours, les peuples ne pensent qu'à en secouer le joug, et les auteurs les plus célèbres font partie du peuple. Ils ont par leur position les mêmes inclinations et les mêmes penchans à l'indépendance. Loin de trouver mauvais que le peuple s'arroge des droits *sur l'autorité*, ils partagent ses préjugés, ses prétentions et ses désirs. Les plus modérés aiment à regarder l'influence du peuple sur ses souverains comme un contrepoids utile, et comme un frein nécessaire aux abus du pouvoir, sans penser que c'est la ruine absolue du pouvoir lui-même et le renversement inévitable des gouvernemens.

C'est ainsi que le mal a gagné, que les esprits se sont insensiblement pervertis, que les idées fausses *sur l'autorité* se sont formées, et aussitôt que ces idées fausses ont été formées, qu'elles ont été adoptées par les écrivains les plus célèbres, il n'y a plus eu de remède. En vain *Grotius* et quelques auteurs plus attentifs ont-ils certifié qu'on étoit dans l'erreur; qu'il y avoit certainement *des souverains de plein droit*, qu'il étoit faux qu'ils eussent tous été constitués par le peuple :

Quidam Reges sunt pleno jure proprietatis, ut pater familias latifundia possidens advenas sub obediendi lege acceptans, et qui justo bello imperium quaesiverunt . . . Nec verum est quod assumitur omnes reges à populo constitui; rejicienda est haec opinio. (De jure belli Lib. 1. Cap. 3.) On n'a pas fait seulement semblant de les entendre. En vain d'autres ont-ils observé que c'étoient les Pères des peuples qui avoient été les premiers souverains. On s'est raillé de pareilles puérilités. . . . Comme en partant d'un principe faux, il faut de toute nécessité raisonner faux, et que le principe faux étoit passé, il falloit que la raison roulât d'abymes en abymes, et l'on a beau dire et beau faire, il falloit que les hommes célèbres y roulassent avec les autres. Dès qu'on avoit tranché la tête naturelle de l'ordre social, il falloit bien lui en donner une autre. Dès qu'on avoit perdu de vüe la source des autorités, il a bien fallu imaginer une autre source. Qu'a-t-on fait? Autrefois *l'autorité* descendoit d'en-haut: on l'a fait remonter d'en bas. Autrefois *la souveraineté* venoit des chefs, on l'a fait venir des sujets. Autrefois la source étoit à la tête du fleuve, on l'a placée à l'embouchure. N'ayant plus de tête naturelle; on en a extrait une de toutes les parties du corps, et il le falloit bien, car enfin il en faut une; et ce ne sont pas seulement nos philosophes modernes; ce sont *les Suarez*, *les Puffendorf*, *les Grégoire de Tours*, *los Grotius*, les auteurs les plus graves qui ont adopté le principe faux. *)

P. VI.

Distinctions fausses.

D'après cela, quelqu'esprit que l'on eût, il a bien fallu se jetter dans des distinctions *métaphysiques* . . . J'appelle distinctions métaphysiques, non pas les distinctions des choses spirituelles: les êtres spirituels sont aussi distingués entr'eux que les êtres matériels. J'appelle distinctions métaphysiques des abstractions qui n'éxistent que dans les termes et qui n'ont aucune réalité dans les choses. Si jamais il n'éxista d'état naturel où les hommes fussent *libres*, *égaux*, *indépendans;* si jamais les peuples n'ont créé

---

*) *Grotius* et d'autres savans auteurs ont bien vu qu'il y avoit des gouvernemens qui s'étoient formés sans conventions populaires; mais ils ont supposé qu'il y en avoit eu de formés de cette manière; Ainsi ils ont admis le principe faux.

aucune autorité, si *l'autorité civile* n'est point autre chose dans son essence que *l'autorité naturelle*, on conviendra que toutes les distinctions que l'on a admises entre *l'ordre civil et l'ordre naturel*, *l'état civil et l'état naturel*, *la liberté civile et la liberté naturelle*, *l'égalité civile et l'égalité naturelle*, *l'autorité civile et l'autorité naturelle*, n'ont fait que grossir les livres, confondre les idées, confirmer des erreurs, en supposant deux êtres substantiellement différens où il n'y en a qu'un.

Toutes ces distinctions, dans le sens que nous leur donnons, sont fausses et absolument fausses. Elles sont fausses, puisque, comme nous l'avons prouvé, dans les gouvernemens humains jamais il n'éxista d'autre autorité que celle de l'auteur universel de chaque cité; que *l'autorité civile et l'autorité naturelle* sont absolument les mêmes quant à leur source et à leur nature. Elles sont fausses, puisque jamais il n'y eut *d'égalité naturelle*, que jamais il n'y eut d'état où l'homme fût *indépendant, sans chefs, sans autorités et sans gouvernemens*. Elles sont fausses, puisque, comme nous l'avons prouvé, jamais aucune autorité n'a été créé dans les assemblées des peuples, que l'autorité souveraine éxistoit essentiellement auparavant et que dans ces assemblées mêmes tout seroit nul si l'autorité ne le sanctionnoit pas. „ *Grégoire de tours, Grotius, Puffendorf* „ et autres auteurs supposent une autorité „ qui a pris sa source dans les conventions, „ dit *le P. Berthier*: c'est une doctrine que „ nous n'estimons pas vraie. " Or, toutes ces distinctions supposent une autorité qui a pris sa source dans les conventions. Donc, toutes ces distinctions ne sont pas vraies.

Je dis en second lieu, que toutes ces distinctions sont infiniment dangereuses. Car quel en est le but et le résultat? C'est d'accorder aux peuples *le droit naturel* de constituer. Or, accordez une fois à des enfans qu'ils ont le droit naturel de se donner des précepteurs, à des ouvriers qu'ils ont le droit naturel de se donner des maîtres, à des soldats qu'ils ont le droit naturel de se donner des officiers, qu'en résultera-t-il? Le bouleversement de tout. Pourquoi cela? Parce que le pouvoir naturel *de constituer* entraîne nécessairement le pouvoir *de destituer* ceux qui ne plaisent pas à leur maître.

En vain voudrez-vous rappeller le peuple à des engagemens impossibles, à une rénonciation absolue qu'il n'a pas faite, qu'il soutiendra qu'il n'a pu faire, et que vous ne lui monterez écrite nulle part. Dès que vous accordez que c'est lui qui *a créé la souveraineté* et qui l'a donnée aux premiers souverains, vous aurez beau dire et beau faire, il prétendra en être le maître, et les constitutions sont livrées à sa discrétion par votre distinction même : nous avons prouvé les dangers de cette concession dans notre question préliminaire.

P. VII.

Autres distinctions fausses.

C'est pour cela qu'une infinité d'auteurs effrayés des conséquences terribles qu'on tiroit de cette opinion, ont imaginé les autres distinctions *de médiatement et d'immédiatement, de présentation et d'institution.* Ils ont enseigné que lors des conventions, c'est le peuple, il est vrai, qui *prépare la matière*, mais que c'est Dieu seul qui donné l'institution et conféré la souveraineté sur la présentation des peuples.

Ces nouvelles distinctions ne sont ni moins fausses, ni mois dangereuses que la première, comme nous l'avons annoncé dans le corps de la question.

Je dis d'abord qu'elles sont fausses : car jamais Dieu n'a donné aux peuples la commission de lui présenter des souverains, e la présentation à un collateur qui n'en a pas donné la permission et qui ne parle pas n'est ni *une présentation ni une élection*, c'est une révolte.

Je dis en second lieu, que ces distinctions n'offrent qu'un scandale de plus. Car dire que, dans les conventions, c'est Dieu qui confére l'autorité d'après l'arrangement des peuples, c'est comme si l'on disoit que Dieu veut tout ce que veulent les peuples, qu'il approuve indistinctement tout ce qu'approuvent les peuples, qu'il appose aveuglément le sceau de son autorité à tous les attentats et à toutes les révolutions des peuples . . . C'est aller plus loin, car dire que Dieu constitue les souverains par le moyen des peuples, c'est comme si l'on disoit qu'il constitue les précepteurs par le moyen des enfans, les maîtres par les ouvriers, les officiers par les soldats, les bergers par les moutons, etc. etc. Il n'est point d'esprit, quelque perverti qu'il soit, qui ne sente l'absurdité scandaleuse de l'intervention de Dieu dans de pareilles extravagances.

Je dis en troisième lieu, que ces distinctions sont aussi dangereuses que les premières. Car si vous dites que c'est Dieu qui arrange les gouvernemens par le moyen des peuples, on dira aussi que c'est lui qui les dérange par le moyen des peuples. Si c'est Dieu qui choisit les souverains par le moyen des peuples, c'est Dieu qui les chassera, qui les renversera par le moyen des peuples,

N'est-ce pas là le langage qu'on tient dans les révolutions? On fera parler Dieu, comme on le voudra, puisqu'il ne parle pas: on est effrayé quand on réfléchit que, dans le système des conventions, cette doctrine a été la doctrine nécessaire des meilleurs auteurs.

Je dis la doctrine nécessaire: car pour peu qu'on se pique encore de penser solidement, il faut de toute nécessité en revenir à cette grande maxime: *que toute puissance vient de Dieu*. Or, quand on a admis le principe faux, que l'ordre civil *a été créé dans les conventions*, il faut de toute nécessité de deux choses l'une: ou dire franchement *que l'ordre civil vient des peuples*, ou dire subtilement *qu'il vient de Dieu par les peuples*. Les impies ont aisément admis le premier parti. Le principe une fois accordé, les honnêtes gens n'ont pas eu d'autre ressource que de se jetter dans le second. Mais en s'y jettant, ils ont senti malgré eux, qu'ils retomboient dans le même abyme. Car dire *que l'ordre civil vient des peuples*, ou dire *qu'il vient de Dieu par les peuples*, c'est toujours livrer l'ordre civil à la discrétion des peuples. Dans l'un comme dans l'autre cas, ce seroit toujours le peuple qui seroit le maître d'arranger et de déranger, de constituer ou de destituer. Ce seroit même l'instrument de Dieu dans le dernier cas; et c'est une fausseté de plus, puisque Dieu constitua par le fondateur de chaque cité avant même qu'il y eût des peuples.

P. VIII.

Suites terribles de ces distinctions.

L'univers pleurera long-temps avec des larmes de sang l'inattention avec laquelle nous avons adopté ces distinctions ruineuses et consacré ces funestes concessions. C'est d'après ces distinctions ruineuses et ces funestes concessions que *l'autorité civile et l'autorité naturelle* ont paru deux êtres formellement et substantiellement différens l'un de l'autre, que la séparation de ces deux idées s'est absolument trouvée consommée dans les esprits, et dès que cette séparation cruelle s'est trouvée consommée dans les esprits, il a fallu également l'effectuer dans les constitutions et dans les moeurs: de cet instant fatal les gouvernemens ont été perdus. Dès qu'il a été universellement reçu que *l'autorité civile venoit du peuple*, l'autorité paternelle est devenue absolument étrangère à l'ordre civil. Les liens du sang, ces noeuds précieux formés par la nature, qui unissoient si fortement les hommes entr'eux, ces liens sacrés se sont trouvés universellement brisés ; la subordination des cités primitives, cet enchaînement superbe des générations sous leurs chefs subalternes et des chefs subalternes sous l ur chef principal; cet ordre admirable fixé par l'auteur même de la nature s'est trouvé renversé. L'inégalité des rangs, des fortunes et de la naissance, ces distinctions respectables et si respectées dans les premiers temps, établies par l'ordre même de la nature ont été bouleversées . . . Les titres augustes *de Dieu*, *de Père*, *d'auteurs et de fondateurs*, adorés par les premiers peuples, qui portent avec eux l'impreinte sacrée *de l'autorité*, ces noms vénérés dans tous les siècles ont été bafoués, avilis, dégradés et méprisés comme des absurdités dont on rougit dans l'intérieur même des familles et qu'on ne peut plus proférer en public. *)

C'est d'après ces distinctions ruineuses et ces funestes concessions, que les peuples égarés par ceux - mêmes qui devoient les désabuser, se sont crus les maîtres de l'ordre

---

*) Dans notre siècle, on n'osoit plus proférer le nom *de Père et mere*. On les appelloit *mes grands parens*.

civil, qu'ils ont brisé leurs anciennes constitutions pour y en substituer de nouvelles qui devoient consommer leur ruine: que les souverains eux-mêmes trompés par ceux qui devoient les défendre se sont persuadés qu'ils tenoient leurs pouvoirs des peuples: qu'ils n'ont plus tenu les rênes du gouvernement qu'en tremblant; qu'ils se sont précipités avec effroi du haut du trône au milieu d'une troupe de rebelles qui leur a lié les pieds et les mains, qu'ils ont signé pour le malheur de leurs sujets leur avilissement ou leur destitution dans des clauses irritantes qu'on n'avoit pas droit de leur faire souscrire.

C'est d'après ces distinctions ruineuses et ces funestes concessions que les nouveaux législateurs se sont regardés *comme les commis du peuple*, qu'ils se sont engagés imprudemment à faire ses volontés, qu'ils ont souscrit à des conditions impraticables, qu'ils ont fait des sermens absurdes et extravagans, qu'il leur étoit impossible d'accomplir. Ce sont enfin ces distinctions ruineuses et ces funestes concessions qui ont renversé les trônes et les autels, perverti l'opinion publique, égaré les esprits, jetté les gouvernemens, hors de leur base, fait verser tant de sang livré les individus à l'effervescence de la multitude, aux divisions des individus, bouleversé l'ordre social, perdu les peuples et les législateurs tout ensemble. Voilà l'effet nécessaire et inévitable de ces distinctions. *)

P. IX.

Distinctions inévitables d'après le principe faux.

Cependant le principe une fois admis, comme il l'étoit généralement, il falloit bien se jetter dans ces distinctions, et il falloit bien que les esprits les mieux intentionnés les adoptâssent comme les autres. Admettez une fois, comme on le croyoit généralement, que *l'autorité civile* a commencé lors des conventions, voilà visiblement une autorité toute différente de l'autorité paternelle, qui n'a ni la même source, ni la même origine; une au-

---

*) Ces clauses irritantes ont fait le malheur *du Brabant* et seront la perte de tous les peuples qui les obtiendront: parce qu'elles sont inciviles, inconstitutionnelles et réprouvées par la nature. Jamais la souveraineté n'a appartenu à aucun peuple. Jamais aucun peuple n'en pourra exiger la remise ni le désistement dans aucun cas.

torité qui date précisément du temps des conventions et qui prend naissance à l'instant des conventions. Qu'elle ait-été créé par le peuple, ou conférée par Dieu même sur la présentation du peuple, il est toujours certain qu'avant les conventions, cette espèce d'autorité n'existoit pas: ainsi voilà dans le fait deux autorités très-distinctes . . .

Admettez une fois, comme on le croyoit universellement, que *l'autorité civile* a commencé lors du pacte social; dès-lors il faut de toute nécessité admettre, avant le pacte social, un temps où les hommes étoient sans chefs, sans gouvernemens, parfaitement indépendans les uns des autres, libres de se donner ou de ne pas se donner des souverains. De-là toutes les rêveries des *J. J. Rousseau*, *de Puffendorf*, *des Illuminés* et autres sectes du même genre.

Admettez une fois, comme on le croyoit universellement, que *l'autorité, civile et universelle* ne vient pas *de l'auteur universel*, qu'elle a commencé lors du pacte social, dès-lors, il faut de toute nécessité distinguer deux ordres et deux états totalement différens, *un état naturel* et un état civil, *une égalité naturelle* et une égalité civile, *une liberté naturelle* et une liberté civile, *une autorité naturelle* et une autorité civile, l'une créé *par génération*, l'autre par contrat, *l'une venant des pères*, l'autre des enfans, *l'une venant d'en haut*, l'autre d'en bas, *l'une physique*, l'autre morale; *l'une fondée sur la base immuable de la nature*, l'autre sur la volonté versatile de la multitude.

C'est ainsi que tous nos maux et toutes nos erreurs ont pris leur source dans des abstractions fausses que malheureusement on n'avoit pas approfondies parce qu'on n'avoit pas encore intérêt de les approfondir. C'est ainsi que ces distinctions ruineuses ayant été adoptées par tout ce qu'il y avoit de plus éclairé parmi les auteurs, d'abstractions en abstractions, de distinctions en distinctions, on s'est trouvé, sans y penser, aux antipodes de la nature. C'est ainsi que les préjugés s'étant fortifiés, l'atmosphère s'étant épaissi, tout l'univers s'est couvert de ténèbres, les peuples et les rois égarés par les savans se sont assis à l'ombre de la mort. C'est ainsi que le mal a totalement prévalu, que l'erreur devenue comme une seconde nature s'est tellement enracinée dans l'ame, a tellement passé dans le sang, s'est tellement insinuée jusque dans la moëlle des os, que quand on veut actuellement essayer de l'extirper, tous les membres s'irritent, tous les individus jettent les hauts cris. C'est ainsi que nos yeux habitués aux fausses lueurs du mensonge sont devenus incapables de soutenir l'éclat de la vérité. Quand la nature se montre avec toute sa simplicité, nous la méconnoissons à cause de sa simplicité même. Quand on nous dit que *toute autorité vient d'auteur* et que *l'autorité universelle* vient de *l'auteur universel*, cette origine nous paroît si simple que nous ne voulons pas même en entendre parler, tandis que cette simplicité même est un des caractères les plus frappans de la vérité et un des indices les plus certains que c'est la nature elle même qui vient se présenter à nos regards. Je n'entreprends pas de guérir radicalement un mal aussi profond: je ne me suis chargé que d'avertir, et je le fais. Maintenant que l'expérience terrible de nos malheurs nous crie hautement que nous nous sommes trompés, j'élève la voix avec elle; je dis hautement avec le peu d'auteurs qui ont échappé au naufrage général, que toutes les distinctions dans lesquelles nous nous sommes jettés sur les gouvernemens sont des distinctions fausses: que *cet ordre civil* créé dans les conventions est un conte absurde: que l'ordre civil fut l'ouvrage de l'auteur civil qui tenoit de Dieu lui-même son autorité, avant même qu'il *y* eût des peuples.

P. X.

Dans quel sens ces distinctions sont vraies.

Mais, disent les adversaires, n'admettez-vous pas vous même toutes ces distinctions? ne distinguez vous pas, comme nous, *entre l'ordre civil et l'ordre naturel?*

Oui, sans doute, nous distinguons entre l'ordre naturel et l'ordre civil. Il est visible que l'auteur d'un peuple avoit des enfans avant que ses enfans en eûssent eux-mêmes, qu'il engendra *une famille* avant qu'il en naquît *une cité.* Ainsi il est visible qu'il fut *auteur porticulier* avant d'être auteur souverain; *auteur naturel* avant d'être auteur civil; son autorité ne devint *civile* qu'après avoir été *naturelle*, cela saute aux yeux . . Mais si ce fut par l'acte naturel de la génération, qu'il fut d'abord le chef de ses enfans, ce fut par la dérivation naturelle de la génération qu'il devint ensuite le chef civil de la cité toute entière. Ainsi l'autorité civile, quoique postérieure à l'autorité naturelle, n'en est pas moins un être très-réel et très-naturel dans son essence. C'est toujours *l'autorité du père* et non pas celle des enfans;

l'ouvrage de Dieu lui-même et non pas celui des peuples.

Il est vrai que quand ce chef eut une maison, il l'arrangea comme il le voulut; quand il eut une cité, ce fut la même chose. Il choisit à son gré ses successeurs et ses magistrats, il leur remit son autorité et leur distribua ses pouvoirs comme il le jugea à propos: il en étoit le maître. C'est ce qu'on appelle *l'ordre civil, l'arrangement et la constitution civile.* Dès-lors l'autorité dont il investit ses successeurs ne fut plus une autorité qui leur fût personnellement naturelle: ce ne fut plus pour eux *qu'une autorité civile* et ce ne sera pour eux qu'une *autorité civile* jusqu'à la consommation des siècles; mais cette autorité qui n'est que civile par rapport à eux, n'en est pas moins naturelle par elle-même, et n'en est pas moins l'ouvrage du créateur, puisque c'est toujours *l'autorité naturelle* du chef civil qui se trouve remise dans leurs mains. Les fruits d'un arbre, quand ils sont cueillis et arrachés, peuvent passer par des milliers de mains à la volonté du propriétaire, mais dans quelques mains qu'ils se trouvent, en sont-ils moins des productions de la nature? Ce que je dis *de l'autorité*, je le dis de tous les droits et de toutes les propriétés en général. Quand le chef civil eut distribué ses biens à ses enfans, ce fut pour eux des lois, des dispositions et des propriétés civiles. Mais ces propriétés civiles rélativement aux enfans n'en étoient pas moins des propriétés *très-naturelles* du chef civil, le fruit *très-naturel* de ses travaux et de ses sueurs.

Il est donc certain que nous distinguons et qu'il faut de toute nécessité distinguer entre *l'ordre naturel* et l'ordre civil. *L'ordre naturel* est l'arrangement qui a été établi par Dieu même. C'est la constitution du Pére au-dessus des enfans, des enfans au-dessus des petits enfans, du Pére souverain au-dessus de tous les Péres subalternes; cet ordre est immuable et ne variera jamais. *L'ordre civil* est l'ordre que le Pére souverain a établi dans sa cité, les dispositions volontaires qu'il a faites de son autorité souveraine, de ses biens et de ses pouvoirs. Cet ordre peut varier puisqu'il dépend des volontés de chaque chef civil; mais ce chef civil une fois mort, ses dispositions ne varient plus. Il faudra se conformer à ses intentions jusqu'à la fin du monde.

Nous distinguons donc avec vous, et nous convenons qu'il faut distinguer entre *l'ordre naturel* et l'ordre civil. L'un est l'ouvrage de Dieu, l'autre est l'ouvrage de l'homme; l'un dépend de Dieu seul, l'autre dépend de l'homme; celui-ci peut varier, l'autre ne variera jamais; il y a bien de la différence... Nous convenons qu'après *l'état naturel*, il vint un état civil, mais nous soutenons que cet état civil fut l'ouvrage *du père* et non pas l'ouvrage des enfans; l'arrangement *du père* et non pas l'arrangement des enfans; qu'il peut varier à la volorté *du père*, mais non pas à la volonté des enfans: nous admettons *un ordre civil paternel*, mais non pas un ordre civil conventionnel: nous soutenons que le père universel de chaque cité avoit fait les lois, les partages et constitué civilement sur ses descendans avant toutes les conventions et toutes les assemblées possibles: ce qui fait, ce me semble, une grande différence.

Nous distinguons également, et nous convenons que l'on peut très-bien distinguer à l'égard de Dieu entre *une collation médiate* et une collation immédiate. Quand Dieu eut conféré son autorité aux premiers Rois *d'Israël*, ce fut *David* qui la conféra *à Salomon*. Ce furent les Rois qui la conférèrent à leurs successeurs. Il en est de même dans la voie ordinaire. Quand Dieu a donné *un chef universel* à chaque cité, c'est ce chef qui constitue et qui désigne ses successeurs: Dieu ne multiplie pas inutilement les êtres. Nous convenons que relativement aux souverains actuels, l'autorité ne vient pas *immédiatement* de Dieu; ce n'est qu'une constitution *médiate*. Mais par quel moyen Dieu constitue-t-il? *Est-ce par les peuples? Est-ce par les souverains?* Vous dites que c'est *par les peuples;* nous, nous disons que c'est *par les souverains*: nous soutenons que, même dans les Républiques, il est impossible que le peuple ait le plus petit droit sur les constitutions; que jamais l'autorité civile n'a pu venir de Dieu *ni médiatement, ni immédiatement* par le peuple, qu'elle en est venue par l'auteur universel: ce qui fait encore une grande différence.

Enfin nous distinguons également et nous convenons qu'il est des cas où l'on peut distinguer entre *la présentation et l'institution*, entre la nomination et les pouvoirs. Quand la constitution permet aux peuples d'élire leurs souverains et leurs législateurs, le peuple peut très-bien le faire. Dans ces cas, c'est lui qui présente effectivement les sujets. Mais à qui les présente-t-il? *Est-ce à Dieu? Est-ce au fondateur?* Vous prétendez qu'il les présente à Dieu; mais sur quoi fondé? Où est la permission et la révélation divine?... Nous, nous prétendons qu'il les présente au fondateur C'est du fondateur que vient et la souveraineté et la constitution, et conséquemment la permission d'élire. Si l'on a rempli les clauses portées dans la constitution, le fondateur en vertu de ses volontés confère la souveraineté au sujet élu. Si l'on n'a pas rempli les conditions portées dans la constitution, il n'ya ni présentation ni collation: l'élection est radicalement nulle.

On convient donc non-seulement qu'on peut distinguer, mais qu'il est de la dernière importance de distinguer les choses sous le point de vue où elles sont distinctes, afin de ne les pas confondre. Outre l'ordre de la nature, nous admettons, aussi bien que les adversaires, *un ordre civil créé par le fondateur*, un ordre où Dieu constitue par le moyen du fondateur, un ordre où le fondateur peut accorder au peuple la nomination de ses souverains; mais *un ordre civil créé par le peuple*, où Dieu constitue par le moyen des peuples, où les peuples puissent changer les constitutions ou s'en écarter dans leurs nominations mêmes, c'est un membre de distinction que nous n'admettons pas et que nous n'admettrons jamais.

P. XI.

Que les distinctions des adversaires n'en sont ni moins fausses ni moins désastreuses.

De nos distinctions ainsi conçues, *que s'en suit-il?* Il s'ensuit que quelque cas que l'on suppose et quelque forme de gouvernement qu'on imagine, jamais les pouvoirs souverains ne sauroient ni venir du peuple, ni tomber dans la dépendance du peuple. Il s'ensuit qu'il n'y a plus de constitution par-tout où le peuple est maître, ou qu'il veut être maître. Il s'ensuit que ce principe si accrédité de nos jours, *que l'universalité des individus est la source de toutes les autorités et de tous les pouvoirs* est non-seulement le plus absurde mais qu'il est en effet le plus désastreux de tous les systèmes. Dès l'instant que ce principe faux s'introduit dans un pays, la constitution s'ébranle, le peuple y devient nécessairement indocile, remuant et séditieux. Aussitôt que le législateur se dispose à imposer sur le peuple le joug toujours pénible des lois, le peuple essentiellement impatient du joug, travaille à s'en débarasser, par conséquent à renverser ceux qui le lui imposent. Ceux qui gouvernent, qui sentent toute la nécessité de l'imposer, sont obligés de recourir à la contrainte. De-là les soulèvemens d'un côté, la tyrannie de l'autre. Et cette Lutte cruelle dure jusqu'à ce que les législateurs aient subjugué le peuple, ou jusqu'à ce que le peuple ait renversé les législateurs. Partout où l'on a voulu constituer le peuple maître, *à Rome*, *à Athènes*, *en france*, *en Hollande etc.* on a constitué l'anarchie et il a fallu renoncer à cette fausse constitution. Tant qu'elle a subsisté, ce n'a été que trouble, que sang, que carnage, que révolutions, que guerres interminables soit au-dedans soit au-dehors, jusqu'a ce qu'il soit survenu *des maîtres, des Césars, des généraux* qui se sont rendus maîtres du peuple et qui l'ont rappellé à la dépendance.

De nos distinctions ainsi conçues, *que s'ensuit-il?* Il s'ensuit que par-tout où celui qui gouverne appelle le peuple *son souverain* et se dit *son représentant*, la constitution est un tissu de mensonges grossiers, de fourberies dégoûtantes, d'impudentes railleries qui révoltent l'esprit le plus borné par leur contradiction perpétuelle avec l'expérience. C'est une dérision perpétuelle pour le peuple, puisqu'à chaque décret, le prétendu *souverain* est obligé d'obéir sous peine de mort. C'est une injure perpétuelle de la part *du législateur*, puisqu'à chaque décret, le prétendu *représentant* commande en souverain. On sait bien que le l'égislateur est fait pour commander et le peuple pour obéir. Mais alors pourquoi mentez-vous? Pourquoi trompez-vous journellement *votre prétendu souverain?* Avec des principes aussi révoltans, on a beau proclamer la constitution inviolable, elle ne l'est pas, puisqu'on la viole tous les jours. On a beau crier *la paix, la paix*, il n'y a point de paix avec le mensonge. Puisque vous êtes le maître du peuple, ne vous dites donc pas *son commis*, et puisque le peuple est fait pour vous obéir, ne l'apellez donc pas *votre maître.*

Quoique nous admettions toutes les distinctions des adversaires dans le sens où elles sont vraies: cela n'empêche donc pas que dans le sens où les adversaires les ont admises, toutes ces distinctions ne soient fausses et essentiellement fausses. D'après nos distinctions, jamais le peuple ne fut *maître*, jamais il ne fut *souverain*, jamais *il ne créa la souveraineté*, jamais il ne fut *indépendant*, jamais, dans aucun temps et dans aucun pays, *il ne constitua*, jamais il n'arrangea la forme des gouvernemens. Tout cela étoit fait par *l'auteur universel*, avant qu'il y eût des peuples, avant même qu'il pût y en avoir.

D'après nos distinctions ainsi conçues; jamais, dans aucun temps et dans aucun pays il n'éxista *d'état naturel* sans maîtres, sans gouvernemens, sans autorités et sans propriétés. Malgré nos distinctions, l'hommej n'étoit pas plus libre *dans l'état naturel* que dans l'état civil, au contraire il l'étoit beaucoup moins: il n'étoit pas plus égal en droits *dans l'état naturel* que dans l'état civil. Dans l'un et dans l'autre état, la liberté étoit la même, l'inégalité étoit la même, la subordination étoit la même, l'autorité étoit essentiellement la même. C'étoit *l'autorrté naturelle du père* qui éxistoit non-seulement avant les peuples, mais même avant ses enfans. . . . .

Nous distinguons effectivement *les deux états* et *les deux autorités*, mais nous les distinguons comme on distingue les fruits des branches et les branches du tronc, comme on distingue les effets de leur cause et les eaux de leur source, mais ce sont toujours les mêmes eaux, ce ne sont pas deux êtres substantiellement différens. Nos distinctions ne tombent que sur le temps, le sujet et les circonstances et non pas sur la chose en elle-même.

D'après nos distinctions ainsi conçues, c'est Dieu lui-même qui a créé l'autorité souveraine, qui l'a conférée immédiatement *aux chefs naturels* du genre humain: *voilà l'ordre naturel.* D'après cela les chefs naturels du genre humain la conférèrent à d'autres et constituèrent sur leur cité qui ils voulurent: *voilà l'ordre civil*, qui dans tous les temps et dans tous les pays, naquit immédiatement des dispositions du chef naturel, avant même qu'il y eût des peuples.

Cependant nous ne devons pas nous dissimuler qu'il nous reste encore une difficulté à résoudre relativement *aux pouvoirs des souverains actuels.* Car, ainsi qu'Aristote le dit fort bien, *ce père universel* n'avoit, en vertu de son titre d'auteur, autorité que sur ses propres descendans : *quod sane habet qui procreavit erga natum ex se . . . .* D'où les souverains actuels ont-ils donc pu tirer leurs pouvoirs rélativement à ceux que chaque fondateur n'avoit pas procréés? C'est ce que nous allons examiner.

Quatrième Question.

DES SOUVERAINS ACTUELS.

§. I. Comment les souverains actuels sont-ils Pères de leurs peuples? §. II. Comment Pères de leurs frères? §. III. Des Conquérans. §. IV. Des Usurpateurs. §. V. Règles de cette Prescription. §. VI. Translation des Droits. §. VII. Conduite envers l'Usurpateur. §. VIII. Suites terribles de l'Usurpation. §. IX. pouvoirs des souverains actuels. §. X. Récapitulation générale. Principes et Notes Explicatives.

§. I.

Comment Pères de leurs peuples?

Nous voici donc arrivés à cette Question si importante: *comment les souverains actuels peuvent-ils être très-réellement les pères de leurs peuples et avoir autorité universelle sur eux?* . . .

I. *Ils n'ont pas engendré tous leurs sujets* . . . Cela est très-vrai: il en est même qui n'en ont pas engendré un seul. Dès le commencement du monde, ne fût-ce que par alliances, par besoins ou par identité de travaux, il dut se faire beaucoup de mélange dans les familles. Dès l'instant de la première séparation, il y eut probablement beaucoup des descendans *de Japhet* qui restèrent avec Nemrod à Babylone: beaucoup des descendans *de Sem* qui passèrent avec Cham en Egypte: beaucoup des descendans de *Cham* qui suivirent les descendans de Japhet en Europe. Dès le berceau du genre humain, il est aisé de conjecturer que les diverses branches de famille commencèrent à se confondre, qu'avec le tems, elles se trouvèrent encore bien plus confondues, par les conquêtes, le commerce, les associations et les transmigrations qui se firent d'une partie du globe à l'autre. — C'est ainsi que par l'émission des colonies, par une infinité de causes et de circonstances qu'il est aisé de deviner, *les Egyptiens* se trouvèrent mêlès *avec les Grecs*, *les Tyriens* avec les *Africains*, *les Troyens* avec les *Latins*, *les Albains* avec les *Romains*, les *Francs* avec les *Gaulois*, les *Européens* avec les *Américains etc*. . . . On voit que je n'affoiblis pas les idées des adversaires.

II. Il est encore très-certain, comme on l'objectera fort bien, que *Nemrod* n'avoit point engendté les descendans de Japhet; que *Japhet* n'avoit point engendré les descendans de Sem, ni *Sem* les descendans de Cham; que les chefs des Grecs n'avoient point engendré les Egyptiens, ni les chefs des Francs, les Gaulois; qu'ainsi ils n'avoient aucune autorité personnelle sur eux.

Il est cependant très certain que pour être *souverain*, il faut avoir *autorité réeelle et positive*, non-seulement sur une famille, mais sur toutes les familles; non-seulement sur un individu, mais sur tous les individus. S'il en étoit un seul dans le gouvernement sur lequel on n'eût pas une autorité réelle, possitive et vraiment paternelle, l'autorité ne seroit pas universelle, conséquemment il n'y auroit pas de souveraineté. Comment donc ceux qui gouvernent actuellement sont-ils souverains?

III. Cette difficulté que je présente dans toute sa force et qui a peut-être paru très-grave de loin, dans la réalité, n'est rien en elle-même. Au premier regard de la réflexion, elle va disparoître. Car si chaque branche du genre humain a eu *un auteur* universel, c'est un fait évident qu'il y a eu essentiellement *une autorité universelle* à la tête du genre humain, *une autorité universelle* à la tête de chaque branche. On ne sauroit nier cette conséquence sans renoncer au premier bon seus. Mais si chaque *auteur univsrsel* s'est cédé réciproquement l'autorité qu'il avoit sur ses descendans, chacun d'eux n'avoit-il pas *autorité universelle* sur ceux qui vivoient sous son empire? Or, peut-on douter que les premiers souverains ne se soient cédé reciproquement leurs droits? Doute-t-on qu'ils ne le fassent encore de nos jours? Je céde mes droits, tant que je ne les réclame pas. Et les souverains actuels ne réclament pas toujours leurs droits sur les sujets qui vont s'établir dans les divers empires. *)

A quoi donc se réduit cette grande difficulté qui éblouit au premier abord? . . . A cette question qui n'en est plus une depuis long temps; y a-t-il eu essentiellemenr *un auteur universel* à la tête de chaque branche du genre humain? . . . Si je suis *l'auteur universel* d'une branche et que je vous céde l'autorité que j'ai sur ceux de mes descendans qui voudront vous suivre, n'en suis-je pas parfaitement le maître? Par ma cession, n'est-

*) Je ne parle ici que des sujets qu'un souverain ne réclame pas. Ceux qu'il réclame nommément, il ne les céde pas. Cela est clair.

il pas visible que vous aurez *autorité réelle et positive* sur mes descendans? Si de votre côté, vous me cédez votre autorité sur ceux de vos descendans qui me suivront, n'est il pas visible que j'aurai *autorité réelle et positive* sur les vôtres? Fûssions-nous quatre mille auteurs universels, fûssions-nous dix mille, si nous en faisons tous autant, n'est-il pas évident que nous aurons tous *autorité réelle et positive* sur tous les étrangers qui nous suivront?

Je n'ai point engendré ces étrangers: cela est très-vrai; je n'ai point autorité personnelle sur eux, mais j'ai la vôtre: je ne les gouverne point en vertu de mon autorité personnelle, mais je les gouverne en vertu de la vôtre: le fondateur de chaque cité en fit autant. Et votre autorité est une autorité très-réelle et très-positive puis qu'elle dérive physiquement de l'acte de la génération aussi bien que la mienne. Donc, j'ai autorité très-réelle et très-positive sur tous les étrangers qui, se trouvent mêlés avec mes descendans; et le fondateur de chaque cité l'avoit de même. Or, on ne prétend pas que les souverains actuels gouvernent en vertu de leur propre autorité, on prétend qu'ils gouvernent en vertu de l'autorité du fondateur, lequel fondateur pouvoit très-bien déjà gouverner en vertu de l'autorité d'un autre: mais soit en vertu de l'autorité d'un autre, soit en vertu de leur propre autorité, il n'en est pas moins certain que tous les souverains actuels sont les pères de leurs peuples, qu'ils ont une autorité très-réelle et très positive sur tous leurs sujets. *)

IV. *Les souverains actuels n'ont pas engendré tous leurs sujets!*

Non sans doute. Les chênes actuels d'une forêt ne se sont pas non plus engendrés les uns les autres. Les branches d'un arbre ne se sont pas non plus engendrées les unes les autres. Que diroit [illegible] d'un homme, qui d'après ces faits é[illegible] que l'on pourroit multiplier à l'infini, raisonneroit de cette sorte? tous ces petits chênes, ne se sont pas engendrés les uns les autres: donc tous ces petits chênes n'ont pas eu d'auteur: les graines de cet arbre ne se sont pas engendrées les unes les autres, donc elles ne

---

*) Tous ceux qui gouvernent ne viennent donc pas toujours de Dieu? Non sans doute, dirons nous avec *S. chrisostome.* Mais la puissance, la majesté, *la Paternité* qui réside en eux en vient par le fondateur; et aussitôt qu'ils sont investis de cette suprême Paternité: ils sont aussi bien que le fondateur les Pères de leurs peuples et les ministres de Dieu dans l'administration des gouvernemens.

viennent pas de graine: les feuilles de cet arbre ne se sont pas engendrées les unes les autres, donc cet arbre n'a par de tronc? Que diroit-on de cet homme, si en conséquence de ce beau raisonnement, il alloit prendre un peu de tous ces petits chênes pour en former le chênie générateur, un peu de toutes les graines pour en former la première graine, et un peu de toutes les feuilles pour en composer le tronc?

V. Telle est cependant l'extravagance de nos observateurs, qui ne trouvant parmi les hommes actuels aucun individu qui ait engendré tous les autres, vont chercher dans tous les individus de quoi composer *le droit universel de la souverainaté*. „ Un chêne an„ tique s'élève, dit *Montesquieu*, l'oeil en voit „ de loin le feuillage: il approche, il en voit „ la tige, mais il n'en aperçoit pas les raci„ nes: il faut percer la terre pour les trou„ ver. " *M. de Montesquieu* en faisant le tableau de ceux qui n'ont pas assez approfondi, ne s'apperçoit pas qu'il fait sa propre histoire. Malgré sa pénétration, il n'a vu qu'en voyageur l'arbre antique des gouvernemens. S'il eut percé la terre, il y eut trouvé le fondateur de chaque peuple ; et cet homme immortel, dont les droits vivent encore, n'eut pas manqué de se ranimer pour lui dire: écrivains inconsidérés, qu'enseignez-vous? . . . Que l'autorité universelle vient de mes descendans . . . C'est une absurdité palpable : c'est moi qui suis *votre auteur universel*, et qui le serai à jamais. Allez désabuser vos contemporains : dites leur : que c'est de moi que l'autorité souveraine est descendue que c'est par ma volonté qu'elle est passée à mes successeurs : et que mon esprit toujours subsistant sera le *véritable esprit des lois et des constitutions* jusqu'à la consommation des siècles . . . Une sentence aussi simple, prononcée par le fondateur, du fond de sa tombe, eut épargné bien des maux à l'univers. *)

VI. *Les souverains actuels n'ont pas engendré tous leurs sujets!* Cela est très-certain : mais la souche ne fut jamais à l'extrémité des branches : que cherchez-vous ? La souche de chaque arbre social ? Elle n'est-ni dans le peuple, ni dans aucun de ceux qui vivent maintenant. Quand vous chercheriez deux mille ans, vous ne l'y trouveriez jamais. Percez la terre : vous y trouverez ceux qui ont engendré ces peuples, qui se sont cédés réciproquement leurs sujets :

---

*) *L'arbre féodal* dont parle M. de Montesquieu (Liv. 30 de l'esprit des lois. ch. 1.) eut la même origine que *l'arbre social*, comme nous le verrons par la suite : ses racines furent dans les droits du père universel.

Et si cela ne vous suffit pas, remontez à celui dont tous ces chefs sont sortis, et ces étrangers ne vous embarasseront plus.

VII. Certes, lors de la dispersion primitive, quand *le chef universel* de tous les peuples donna la mission à ses enfans, il étoit impossible qu'il existât pour lui *un seul étranger* parmi cette immense famille. Il est incontestable qu'il avoit autorité très-réelle et très-positive sur tous. Dans le moment qu'il divisa sa prodigieuse population par grandes familles, il divisa par cela même *son autorité universelle* en autant de parts ; „ Allez, dit-il au chef universel de chaque „ division : je vous constitue sur mes descen- „ dans, comme Dieu, par l'acte seul de la „ génération, m'avoit constitué sur vous „ mêmes. Pénétrez-vous et de la grandeur „ de vos droits et de l'étendue immense de „ vos devoirs. Ce ne sont pas seulement „ vos sujets, ce sont les miens que je vous „ confie; ce n'est pas seulement en vertu de „ votre autorité, c'est en vertu de la mienne „ que vous leur dicterez des lois, et mon „ autorité s'étend sur tous, et mon autorité „ est indestructible. Elle passera d'âge en „ âge et de générations en générations, sans „ pouvoir jamais cesser, jusqu'à la consom- „ mation des siècles. *Auteur universel* de „ tous les hommes, il est impossible qu'un „ seul d'entr'eux puisse jamais devenir étran-

„ ger à mon sang. Je vous remets sur tous „ ceux qui vous suivront réciproquement, „ tous mes droits et mes pouvoirs. Dans „ quelque pays que vous vous fixiez, in„ vestis chacun d'une portion de mon auto„ rité, vous serez partout, vous et vos suc„ cesseurs à la tête de tous ceux que vous „ gouvernez, *mes représentans et mes images.*" Ce que je dis du premier chef du genre humain en grand, s'entend en petit du premier propagateur de l'Europe, de celui de l'Afrique et de l'Amérique; enfin du premier occupant de chaque pays. Si *Robinson eût* peuplé son île, il est clair qu'il eût été relativement à ses descendans la souche primitive d'un arbre social qui eût pu à son tour en produire une infinité d'autres.

VIII. Tout souverain actuel simple ou composé, qui gouverne légitimement dans un pays quelconque, jouit donc d'une autorité universelle sur tous ses sujets; non pas parce qu'il l'a par lui-même, mais parce qu'on l'a lui a donnée; non pas parce qu'il a personnellement *autorité naturelle* sur eux, mais parce qu'il a reçu civilement l'autorité naturelle des premiers chefs. Il jouit d'une autorité universelle sur tous ses sujets . . . Parce que par leur volonté interprètative elle seule (n'eût-elle pas été formelle) les chefs naturels du genre humain et du pays ont voulu que tous ceux qui leur succéderoient légalement fussent non-seulement leurs répresentans et leurs images; mais qu'ils fussent investis physiquement et positivement de leur autorité, de leur paternité et de leurs pouvoirs. Parce qu'ils leur ont confié tous ceux de leurs descendans qui se trouveroient sous leur conduite; qu'ils les ont effectivement et réellement constitués sur eux, et que par là ils ont obligé leurs descendans à leur obéir. Parce qu'ils ont voulu que leur autorité descendît dans leurs mains, qu'il étoit moralement impossible qu'ils ne le voulussent pas, et que leurs volontés même interprétatives sont des lois primitives et fondamentales qui lient irrévocablement leur postérité toute entière: parce qu'enfin ces lois primitives et fondamentales, tous leurs successeurs les ont universellement adoptées et qu'il étoit moralement impossible qu'ils ne les adoptassent pas. Tant qu'un souverain actuel ne réclame pas ceux de ses sujets qui vont vivre sous un autre empire, c'est une marque certaine qu'il céde à l'autre souverain les droits personnels *d'autorité* qu'il avoit sur eux. Voilà la loi primitive et fondamentale aussi ancienne que le monde, consacrée par l'acceptation unanime de tous les souverains qui transmet à chacun d'eux la portion d'autorité qu'ils n'avoient pas personnellement *sur les étrangers*: le silence des souverains et la volonté des premiers chefs.

IX. C'est en vertu de cette loi primitive aussi ancienne que le monde, consacrée par l'acceptation unanime de tous les souverains, que, dès l'origine, *Nemrod* avoit une autorité très-réelle et très-positive sur les descendans de Cham qui restèrent à Babylone ; que *Cham* avoit une autorité très-réelle et très-positive sur les enfans de Japhet qui le suivirent dans ses voyages ; que *Japhet* avoit une autorité très-réelle et très-positive sur ceux des descendans de Sem qui purent se trouver confondus avec ses propres descendans. C'est en vertu de cette loi primitive aussi ancienne que le monde, consacrée par l'acceptation unanime de tous les souverains que *Romulus* avoit une autorité très-réelle et très-positive non-seulement sur les descendans de ses ancêtres, mais encore sur tous les vagabonds et les étrangers qui venoient se ranger sous ses étendards. C'est en vertu de cette loi primitive aussi ancienne que le monde, consacrée par l'acceptation unanime de tous les souverains que les chefs des colonies avoient une autorité très-réelle et très positive sur tous ceux qui vouloient les suivre, que *les Ducs des Germains*, *des Francs*, et des peuples barbares avoient une autorité très-réelle et très-positive sur tous ceux qui consentoient à partager leurs expéditions. Enfin c'est en vertu de cette loi primitive aussi ancienne que le monde, consacrée par l'acceptation unanime de tous les souverains, que chaque souverain actuel simple ou composé, héréditaire ou électif, a une autorité très-réelle et très-positive non-seulement sur les sujets qui lui ont été transmis par ses prédécesseurs, mais encore sur tous les étrangers qui viennent nouvellement ou se ranger sous ses lois, ou se fixer sous son empire. *Comment cela?* Non pas par extension, non pas par la force, non pas par le terrain et le domaine lui seul, comme le croit *J. J. Rousseau*, non pas par convention, par soumission et par adhesion, comme l'expliquent les adversaires; tout cela ne sauroit donner à aucun souverain la plus petite autorité sur les personnes; mais par concession, par délégation, et par constitution véritable. Tant que les souverains de ces étrangers ne réclament pas, il est visible qu'ils se transportent mutuellement le droit réel et positif de souveraineté qu'ils avoient sur la personne de leurs sujets, et ce droit réel et positif de souveraineté qu'ils avoient sur la personne de leurs sujets, ce n'étoit pas leur droit personnel, c'étoit celui qu'ils avoient reçu *de l'auteur universel* par le canal de leurs prédécesseurs.

X. Voilà les droits dont les souverains actuels sont investis: voilà l'autorité en vertu de laquelle ils gouvernent. Ils sont *les Pères des peuples*, non pas parce qu'ils les ont engendrés personnellement, mais parce qu'ils sont investis civilement, strictement et rigoureusement *de la Paternité* des premiers propagateurs, et qu'à raison de cette investiture, ils sont civilement, strictement et rigoureusement *leurs lieutenans, leurs représentans et leurs images.* Ceci posé, nous voilà bien avancés pour les autres questions.

---

§. II.

Comment Pères de leurs frères?

On objecte en second lieu que les souverains actuels *n'ont pas engendré* leurs frères.

I. Cela est encore très-vrai: mais qu'en conclura-t-on? Seroit-ce l'inconvenance d'un pareil assujettissement? D'abord tant que la terre ne fut pas peuplée, il étoit bien rare, comme nous l'avons déjà dit, que les princes du sang restassent sous la domination de leurs frères. Pour peu qu'ils eussent le coeur martial, on leur fournissoit toutes les facilités possibles pour devenir eux-mêmes souverains et l'amour inné de l'indépendance les portoit à les saisir. Après avoir obtenu de leur père des armes, des hommes et des vaisseaux, ils se transportoient ailleurs avec leur petite colonie. Quand ils avoient jetté les fondemens d'un nouvel empire et légué leur trône à leur fils ainé, ils faisoient à leurs cadets les mêmes avances qu'ils avoient reçues de leurs pères, et ces cadets s'établissoient encore en toute souveraineté dans d'autres pays; c'est ainsi, comme nous l'avons dit, que de proche en proche la terre se couvrit insensiblement de petites souverainetés.

II. Tant qu'il resta de grands terrains libres, les souverains fournirent donc à leurs cadets tous les moyens de devenir souverains, et les cadets firent des conquêtes: mais quand la terre fut peuplée, qu'il n'y eut plus de conquêtes à faire, ou du moins qu'elles devinrent très-éloignées et moralement impossibles, *que vouloit-on que fissent les Pères?* Qu'ils partageassent l'état à tous leurs enfans? C'est malheureusement ce qu'on fit *en France* dans les premiers temps de la monarchie, et c'est ce qu'on avoit déja fait auparavant, dans divers pays. Mais cette condescendance meurtrière, en morcelant misérablement les empires, divisoit cruellement les esprits, faisoit le malheur des peuples et des souverains tout ensemble. Instruits par une expérience soutenue, manifestement condamnée par l'esprit des fondateurs, qui, dès l'origine, ne souffroient pas le démembrement de leurs états, leurs successeurs devenus plus sages, loin de subdiviser, arrêtèrent qu'à l'avenir il n'y auroit plus de partage. Alors, après la mort du père, tout resta dans le même état que de son vivant. Chaque peuple ne forma plus qu'une grande famille, qu'un troupeau indivisible conduit par un seul pasteur, qu'un seul corps qui n'eut plus qu'un seul intérêt. Le gouvernement devint bien plus fort, bien plus nerveux, bien plus naturel sous tous les rapports.

III. Trouveroit-on ces dispositions injustes? Je ne vois pas en quoi. Certes, si je suis le premier propriétaire d'un bien, je peux donner à un seul de mes enfans ce que je ne dois à aucun d'eux; et ce que le premier propriétaire pouvoit faire, le dernier est obligé de le faire après lui, pour peu qu'il soupçonne que ce sont là ses intentions. Or, comme nous l'avons établi dans la seconde question, jamais il ne fut de bien plus propre que *la souveraineté*. Elle fut au fondateur lui seul, et, dès l'origine, il est visible qu'il ne la divisoit pas. *En Egypte, à Babylone, en Perse*, dans tous les états primitifs, les fondateurs ne partageoient point leur empire: ils le donnoient à un seul de leurs enfans.

Par-tout où l'on déclara la couronne indivisible, quand il ne fut plus possible aux cadets d'aller s'établir ailleurs, les princes du sang furent donc obligés de rester sous la domination de leur frère et ils aimèrent infiniment mieux y rester que d'aller servir sous des souverains étrangers. Jamais il n'y eut rien que de très-juste dans ces sortes des dispositions . . .

IV. *Comment un frère peut-il avoir autorité sur des frères qu'il n'a pas engendrés?* Voilà la seule difficulté qui puisse arrêter; et cette question est encore infiniment plus facile à expliquer que les autres. N'est-il pas vrai que *l'autorité Paternelle*, à quelque degré qu'on la prenne, s'étend essentiellement sur tous les frères? Celui des enfans qui se trouve appellé à la couronne, n'y fût-il appellé que par son père, auroit donc déjà autorité sur ses frères. Mais si de plus, il y est appellé par ses ancêtres, s'il y est appellé *par le fondateur*, s'il est investi constitutionnellement de toutes ces autorités, il est clair que, par-là, il a plus qu'autorité sur ses frères, puisque, comme nous l'avons dit ci-dessus, il a *autorité universelle* sur tous les sujets. Réunissant en lui seul non-seulement l'autorité de son propre père, mais celle de tous les fondateurs, celui des enfans que la constitution appelle au trône, devient donc bien réellement et bien possitivement *le père civil* de tous, de ses frères eux-mêmes. Tant qu'ils seront domiciliés sous son empire, tous sont tenus de lui obéir, tous commettroient le plus détestable de tous les crimes s'ils ne le faisoient pas : Parce qu'ils outrageroient dans leur frère *la majesté paternelle* de tous ses prédécesseurs.

V. C'est ainsi que *Salomon*, aussitôt qu'il fut installé par son père et investi de sa majesté, devint *le père civil d'Adonias* et de tous ses autres frères. C'est ainsi qu'*Arsaces*, une fois constitué par son père, devint incontestablement *le père civil* et le souverain du jeune *Cyrus*. C'est ainsi que *Sésostris* appellé au trône par la volonté constitutionnelle de ses pères avoit droit de chasser d'Egypte son frère *Danaüs*, quand il osa lui disputer ses droits. C'est ainsi que dans tous les états monarchiques en général, tous les frères qui sont exclus du trône sont très-certainement criminels de lèse-majesté, *de véritables parricides*, quand ils osent se soulever contre celui d'entr'eux qui se trouve constitbtionnellement appellé à la souveraineté : Parce qu'en vertu des intentions et de la volonté du fondateur, celui là seul est devenu, dans toute la force du terme, *leur père civil*, le répresentant réel de tous ses prédécesseurs.

VI. *Mais quand la Dynastie régnante se trouve totalement éteinte, comment faire ?*

Ce qu'il faut faire ? Ce que l'on eût fait si cette Dynastie n'eût jamais existé. Si *Arsaces* n'eût pas existé, qu'eût fait *Da-*

rius Nothus? Il eût désigné *le jeune Cyrus* pour son successeur. Eh bien! Si le jeune *Cyrus* laisse encore des représentans, et que la famille *d'Arsaces* soit éteinte, c'est très-certainement aux représentans *du jeune Cyrus* que la couronne est dévolue. Comment cela? Par la volonté interprêtative *de Darius Nothus*. Quand un aîné meurt, c'est le second dans l'ordre de la naissance qui devient l'aîné; il en est de même des familles. Quand la famille régnante est éteinte, *l'autorité souveraine* ne l'est pas. Elle est indestructible puisque tous les droits le sont. Remontez au fondateur: voyez ce qu'il eût fait et voulu dans de pareilles circonstances: c'est précisément ce que vous devez faire et vouloir.

Il en est qui prétendent que dans ce cas le peuple rentre dans ses droits! Cela seroit très-bon si le peuple en eût jamais eu aucuns, et nous avons prouvé invinciblement que jamais il n'en put avoir. Quand il est question *de la souveraineté*, ce n'est pas la volonté du peuple, c'est la constitution qu'il faut suivre. Si la constitution prescrit de suivre l'ordre de la naissance, il est clair que c'est la famille qui remonte le plus haut dans l'ordre de la naissance, qui se trouve, par la constitution substituée à la famille éteinte: c'est *à son chef* que le fondateur eût remis la souveraineté de son vivant: c'est au représentant actuel de ce chef à réclamer et à faire ses preuves; c'est à lui que la souveraineté est dévolue : *et par qui?* Par la volonté perpétuelle et toujours subsistante du fondateur. C'est le fondateur lui-seul qui fut le maître et le propriétaire naturel des droits souverains; c'est sa volonté interprétative elle seule qu'il faut interroger dans tous ces cas.

VII. Que si à cause de la grande antiquité de la Dynastie éteinte, il est impossible à qui que ce soit de faire ses preuves, qu'il se présente plusieurs prétendans : *comment faire alors?* . . .

Ce qu'il faut faire? Ce que firent les grands de Perse après la mort du faux *Smerdis*: ce que firent les chefs des francs quand il fut question d'élire un d'entr'eux et qu'il y eut litige sur la primauté : ce que feroient tous les petits souverains d'Allemagne, s'ils ne vouloient plus avoir qu'un seul souverain : ce que font les plaideurs et ce qu'ils feront jusqu'à la fin du monde. Après bien des disputes, et bien des débats inutiles entr'eux; puisqu'il est impossible de s'accorder sur l'objet contesté et que tout le monde ne peut pas l'avoir, il faut enfin convenir de s'en rapporter définitivement soit au sort des armes, soit à la pluralité des voix, soit à la décision des oracles, soit au hennissement d'un cheval, soit au peuple, soit aux états généraux, soit à la proclamation des soldats . . . Quel que soit le moyen définitif que l'on adopte, qu'en résultera-t-il? Dans tous ces cas et dans tous les cas imaginables, est-ce le peuple ou le cheval qui *créent* la souveraineté? Non sans doute. Elle éxistoit long-temps avant eux. En convenant d'un moyen quelconque, que font donc les prétendans? Ils cédent d'avance leurs droits respectifs à celui qui sera désigné.

VIII. C'est une loi aussi ancienne que le monde, que dans les cas litigieux, des plaideurs peuvent très-bien convenir d'un moyen quelconque de vider leurs procès. Ici c'est le peuple, là ce sont les soldats, ailleurs c'est un cheval, dans d'autres constitutions ce sont les états généraux qui proclament. Ce mode est adopté, consenti sans aucune réclamation par les contendans. Il est certain que dans tous ces cas, c'est celui qui est proclamé qui devient souverain. Mais qu'est-ce qui lui confére la souveraineté? Est-ce la proclamation? Non sans doute. C'est la volonté législative du fondateur qui a arrêté que dans ces cas ligitieux, les droits passeroient sur la tête de celui qui seroit proclamé par les moyens légitimement convenus.

§. III.

Des Conquérans.

1. *Les Conquérans ont-ils autorité sur ceux qu'ils soumettent?*

Ils n'ent ont aucune; mais si les souverains de ceux qu'ils soumettent leur cédent leurs droits dans certains cas: *qu'a-t-on à dire?*

Qu'est-ce qu'un Conquérant? C'ést une puissance légitime, qui dans une guerre juste, remporte des avantages sur les ennemis. Quand je suis souverain, que j'ai des sujets, tout ce qu'ils font me devient propre. Tout ce qu'ils gagnent par leurs travaux, tout ce qu'ils acquièrent par leurs combats relève de ma souveraineté et passe sous ma dépendance. Si je veux m'emparer d'un terrain libre et qu'on s'y oppose, si je suis attaqué injustement dans mes droits et que je remporte la victoire sur mes ennemis, ce que je prends par la force de mes armes est à moi. Parce que mes armées sont *à moi*, parce que ce que je gagne avec mes armées est *à moi*. Voilà ce qu'on appelle des conquêtes. *)

*) *Aut occupatione vacua aut bello capta statim capientium fiunt . . . Requiritur tamen pos-*

II. Entre les souverains et les simples particuliers il y a cette différence que dans leurs querelles, les simples particuliers ont au-dessus d'eux des tribunaux pour les protéger et que les souverains n'en ont pas. Quand un souverain se trouve attaqué dans ses droits et que son adversaire ne veut pas entendre raison, son dernier moyen est la guerre. Les souverains ont droit de faire la guerre et les particuliers ne l'ont pas. Voilà la différence.

III. Mais entre les souverains et les simples particuliers il y a ceci de commun, que la querelle peut être juste ou injuste; ce qui produit un effet bien différent dans le moral. Dans une guerre juste et même dans une guerre douteuse où l'on combat de bonne foi de part et d'autre, aussitôt qu'un souverain a acquis une possession réelle et solide sur un objet par la force de ses armes, les droits du vaincu passent à l'instant même dans les mains du vainqueur, il devient le souverain légitime des personnes et des choses. Non pas parce qu'il a vaincu, non pas parce qu'il est le plus fort, mais parce qu'en proposant ou en acceptant la guerre comme

L 2

---

sessio firma, mansuris munitionibus captis firmata. (Grot. de Jure belli Lib. 3. Cap. 6.)

moyen de décision, le vaincu a remis volontairement au sort des armes la décision ultérieure de ses droits. *)

IV. Dans une guerre injuste au contraire: Quand un homme intrépide et ambitieux foule aux pieds les réclamations équitables des peuples et des Souverains, qu'il ravage tout par la supériorité des ses armes, où est l'acceptation libre des vaincus, où est leur agrément et leur consentement antérieur? Si ces brigandages révoltans, réprouvés également par toutes les règles de la droiture et par toutes les lois des fondateurs, doivent être rayés de la liste des conquêtes, voilà bien des lauriers flétris et bien *des conquérans* de moins sur la terre. **)

V. Dans la guerre, comme par-tout ailleurs, c'est *l'autorité* qui fait tout; c'est elle qui règle tout. Pour être conquérant, il ne

---

*) *Bonâ fide litigari potest utrinque. . . Quis justus sit etiam in bello justo vix satis cognosci potest ex indiciis externis.* (Grot. Lib. 3. Cap. *De causis dubiis.)*

**) *Populos solâ regni cupidate conterere, quid aliud quam grande latrocinium?* (Grot. Lib. 2. Cap. 22.)

suffit pas d'avoir des canons, il faut avoir *autorité*: il ne suffit pas d'avoir des succès, il faut qu'ils soient sanctionnés *par l'autorité*. Pour être conquérant, il faut, avant tout, deux choses indispensables. Il faut I. *que le vainqueur soit souverain*; il faut 2. *qu'il fasse une guerre juste*. Si le vainqueur est souverain et qu'il fasse une guerre juste; les droits se trouvent dans l'instant même transportés dans ses mains. Mais comment y sont-ils transportés? Voilà le point important de cette Question. Est-ce par la force? Est-ce par la victoire? Est-ce par la prise de l'objet contesté? Cela est impossible. Est-ce par la volonté seule du vaincu? Non sans doute; il arrive quelquefois qu'il n'y consent pas. Comment donc s'opère ce transport? Par la loi de la guerre, c'est-à-dire, par la volonté suprême des fondateurs qui dans ces deux cas ont arrêté que les droits suivroient régulièrement le parti de la victoire.

VI. Si au contraire le vainqueur n'est pas souverain, ou si la guerre qu'il fait est évidémment injuste, dans ces deux cas, ses succès ne sont que des brigandages, ses victoires ne sont que de grands attentats que le fondateur réprouve: ce ne sont point du tout des conquêtes. L'objet envahi est bien dans ses mains; mais les droits n'y sont pas et ne sauroient y être. Parce que jamais aucune espèce de droit ne s'emportera par la violence. *)

P. IV.

Des Usurpateurs.

I. *Mais d'après ces principes*, dira-t-on, *les usurpateurs et tous ceux qui dépouillent injustement les souverains ne sauroient acquerir aucuns droits!*

Il est suffisamment établi que l'injustce, la violence et la force ne peuvent donner aucuns droits. Si les propriétés particulieres sont essentiellement sous la garantie et la protection des lois; la premiere et la plus importante de toutes les proprietés, la souveraineté qu'on peut appeler une propriété

---

*) Les Conquérans injustes ne sont pas autre chose que des usurpateurs et en suivront toutes les règles. Dans une guerre volontairement déclarée et acceptée, deux souverains se cédent reciproquement leurs droits. Il n'en est pas de même dans l'usurpation et dans une guerre injuste et tyrannique où l'on dépouille un souverain malgré lui. Le vainqueur n'a point de droits parce que le vaincu n'a point du-tout accepté la guerre.

générale puisqu'elle est la sauvegarde de toutes les propriétés particulieres, seroit-elle la seule qui put être envahie impunément? Il y a cette différence, entre la souveraineté et les autres propriétés que chaque individu est maitre de la sienne, qu'il peut l'aliéner, la donner à qui il veut, tandis que la souveraineté ne peut être aliénée. Celui qui la possede, ne peut la transmettre qu'à celui à qui elle écheoit nécéssairemens à son défaut. Il la tient du fondateur, ainsi que nous l'avons prouvé, et elle ne peut être transferée que suivant les regles établies par le fondateur lui même. C'est au fondateur qu'il appartient de décider quand et comment les droits du souverain dépossédé passent à celui qui occupe la souveraineté: Et comme il existe entre particuliers une prescription, un maniere d'acquérir une propriété particulière par une possession non interrompue pendant un tems déterminé par la loi, il existe aussi contre les souverains une prescription, après laquelle leurs droits se trouvent transférés à d'autres, en vertu de la volonté du fondateur. C'est à connoitre cette volonté du fondateur que sont spécialement consacrées nos recherches dans cet ouvrage: c'est le point de vue sous lequel nous envisagcons toutes les questions.

Il y a des auteurs à qui l'usurpation est si odieuse qu'ils soutiennent que les usurpateurs ne peuvent jamais être ligitimés; d'autres, dans l'espoir sans doute de mettre plutot fin aux dissentions, aux troubles, aux guerres qui accompagnent toujours les mutations violentes de gouvernement, prononcent sans hésiter qu'on peut abandonner l'ancien souverain dès-qu'il n'est plus en état de défendre son peuple. Pour peu qu'on y réfléchisse, l'on verra aisément que ces deux opinions sont également fausses; et un traité de droit public qui consacreroit de pareilles erreurs seroit une peste publique. La premiere de ces assertions est démentie par les faits; et toutes les deux, bien loin de mettre un terme aux maux qu'entraine l'usurpation, ne feroient que les rendre interminables. Il faut pour la paix des empires, pour la tranquilité des peuples, pour le repos du monde, qu'avec le temps les usurpateurs puissent être légitimés; mais il faut aussi pour ce même repos du monde, que les peuples ne puissent pas impunément abandonner leurs souverains; il faut qu'ils sachent à quelle suite de malheurs inévitables les condamne leur révolte. Si l'on enseigne qu'on peut abandonner les anciens souverains, lorsqu'ils sont malheureux, on pourra donc abandonner également les nouveaux au moindre revers. Alors la force, le caprice, l'insurrection, la révolte deviendroient l'unique régle des successions, et décideroient du sort des nations et des empires. On ne verroit plus sur le théâtre de l'univers ensanglanté que des peuples égorgés, des trônes renversés, des souverains nouveaux abandonnés, chassés et massacrés tour à tour. C'est ainsi que l'erreur est un poignard meurtrier qui se tourne contre ceux même qui l'employent, tandis que la vérité concilie au contraire tous les intérêts.

Cherchons donc cette vérité salutaire; elle s'est toujours éloignée des opinions exagérées; et voyons si elle ne viendra pas s'offrir elle même à nous dans l'examen que nous allons faire des quatre questions suivantes, qui entrent nécessairement dans notre plan. 1. *Combien de temps le droit naturel exige-t-il pour prescrire contre les anciens souverains.* 2. *Quelles sont les raisons qui doivent déterminer ce temps?* 3. *Lorsque le temps est écoulé, par qui la souveraineté se trouve-t-elle transférée sur la tête des usurpateurs, et comment peut-elle l'être?* 4. *Quelle est la conduite qu'on doit tenir pendant ce temps soit à l'égard des anciens souverains, soit à l'égard des usurpateurs?* Questions difficiles quand on ne connoit pas la source de la souveraineté; mais dont la solution devient facile lorsque cette source est bien connue.

II. *Combien de temps le droit naturel exig-t-il pour prescrise contre les anciens souverains?* Cette question est décidée avec tant d'unanimité par les bons auteurs qu'ils nous ont entierement déchargés du soin de la décider nous même.

III. Qu'on ouvre *Puffendorf* sur le droit des gens; qu'on lui demande son avis sur cette grande question: Son sentiment est „ que les droits du premier souverain expirent quand ayant été pendant un très-„ long temps privé de ses domaines, sans „ pouvoir se résaisir des rênes du gouverne-„ ment, on peut lui opposer une prescription „ immémoriale. *Putamus prioris domini jus „ expirare, ubi per diuturnum temporis spa-„ tium suas sibi res seorsim habuit, nec cum „ antiquo imperio negotii quid amplius inter-„ cessit, prescriptione memoriam excedente.*"

Si l'on demande à cet auteur ce qu'il entend par ce long espace de temps; tous les exemples qu'il cite nous disent hautement qu'il entend par là une possession immémo-

---

*) Aussitôt qu'il y a eu des usurpateurs au monde, on a été obligé de s'occuper de l'usurpation, et ce n'est pas d'aujourd'hui qu'il y a des usurpateurs. On peut oublier ces questions, les perdre de vue, les ignorer tant qu'on n'a pas besoin de les étudier; mais elles n'en sont pas moins de toute antiquité dans les livres de Droit, lumineusement et unanimement décidées long-temps avant nous.

riale de plus de cent ans. *(V. passim lib. 7 cap. 7. cap. 8. et lib. 4. cap. 12.) Praescriptio immémorialis aliquando eodem redit cum praescriptione centum annorum.* Puffend. de praescript. et usurpatione *lib.* 4. *cap.* 12.

IV. Ouvrez *Grotius*; interrogez-le sur le temps de cette prescription: Que répond-il Il répond formellement que pour cette espèce de prescription, il faut un temps très-long, un temps immémorial. *Ad ham prescriptionem requiritur tempus longum, tempus memoriam excedens.* Et qu'entend-il par ce temps immémorial? Un intervalle d'environ cent ans: Pourquoi cela? Parce que cent ans sont le terme ordinaire de la vie humaine „ *quia* „ *communis humanae vitae terminus sunt cen-* „ *tum anni.*" (Grotius de jure belli et pacis Lib. 2. Cap. 4. *de Usurpatione.*)

V. Consultez *Lessius* qui a fait un article exprés pour les souverains. Demandez-lui combien il faut de temps pour cette prescription. Il vous répond formellement „ qu'avec „ un titre il ne faudroit que quarante ans, „ mais que, sans titre, il faut un temps im- „ mémorial." Et qu'entend-il par ce temps immémorial, il entend par-là comme tous les autres Publicistes *l'espace de cent ans*: „ Si „ l'on exige, dit-il, l'espace de cent ans „ pour prescrire contre les cités, à plus forte „ raison en faut-il au moins autant pour pre- „ scrire contre un royaume. *Ad hoc suffi-*

„ *clunt quadraginta anni cum titulo*, *et sine* „ *titulo tempus immemoriabile* . . . In praescribendo legato vel donato vel empto „ contra civitates requiruntur *centum anni*; „ ergo *multò magis* contra regnum. " (*Lessius de Praescript contra Princip.*)

VI. Interrogez sur cette question les Publicistes, les Moralistes, les Théologiens les plus accrédités, vous les trouverez tous parfaitemen d'accord. Pour pouvoir prescrire contre l souverains, tous éxigent un temps très-lon; *un temps immémorial*, un temps qui excède a vie ordinaire de l'homme, et tous évaluent ce temps immémorial à l'espace de cent ans au moins, *multo magis*.

VII. Si, avant ce temps, on leur objecte le succès de l'usurpateur, la reconnoissance universelle des puissance . . . ils répondent que cele ne suffit pas, qu il faut une possession paisible, perpétuelle et non interrompue pendant un temps immémorial: *possessio continuata, perpetua, non interrupta*; que si dans le cours de ce temps immémorial, la possession se trouve interrompue, elle ne compte plus: *desultatoria possessio nihil efficit.* (Grotius de Usurpatione.)

VIII. Si avant ce temps, on leur représente *que le souverain légitime n'est plus en état de défendre son peuple*, qu'il est tombé dans une impuissance absolue: ils répondent que cela ne suffit pas, qu'il faut que cet état d'impuissance subiste pendant *un temps immémorial*, qu'une impuissance passagère, quand elle seroit absolue, ne compte pas. Pien ne les fait varier sur le temps immémorial qu'ils exigent: *Tempus immemorabile.*

Quand un souverain dépouillé n'est plus en état de défendre son peuple, il en est qui prétendent qu'il est dépouillé de ses droits.

Mais *par qui? Par quelle loi? Par quelle raison?* Par la raison qu'il est le plus foible? Par la raison qu'il est malheureux? Quel délire! Quoi! Parce que je suis plus foible que celui qui m'enléve ma bourse malgré moi, j'ai perdu mes droits sur ma bourse! Quoi! Parce que je suis moins fort que ceux qui me chassent de ma maison, j'ai perdu mes droits sur ma maison! Où a-t-on puisé une doctrine aussi extravagante? Dans quel auteur sensé la trouve-t-on?

Le souverain n'est plus en état de défendre son peuple! Non sans doute: Il n'est pas même en état de se défendre lui-même: il est livré entre les mains de ses ennemis qui le chassent, qui le dépouillent, qui porteront peut-être l'attentat jusqu'à le mettre à mort. Il est écrasé, il est malheureux: donc il a perdu ses droits: donc il faut se ranger du côté de ceux qui l'égorgent, qui le dépouillent. Qu'elle indigne conséquence!

IX. *Le souverain n'est plus en état de défendre son peuple!* Non saus doute: il n'est pas même en état de se défendre lui-même. Mais quelle en est la cause? N'est-ce pas la rebellion de son peuple? N'est-ce pas la défection de ses armées? N'est-ce pas l'infidélité de tous ceux qui étoient obligés de le soutenir? Quoi! Parce qu'un peuple a été infidelle, parce qu'il a déjà commis le plus horrible de tous les crimes, il lui sera permis de le consommer par le plus horrible de tous les attentats! *Pourquoi le souverain n'est-il plus en état de défendre son peuple?* C'est parce que son peuple l'a abandonné; c'est peut-être parce qu'il s'est tourné contre lui, en tout ou en partie. Qu'on rentre dans le devoir et le souverain recouvrera sa puissance. Tant qu'on ne le fera pas, n'est-il pas bien juste qu'on porte la peine de sa défection, qu'on subise jusqu'au bout les horreurs d'un bouleversement dont on est la cause?

X. *Le souverain n'est plus en état de défendre son peuple: donc il a perdu ses droits!* Mais dans ce cas, il auroit perdu ses droits dès l'instant de l'usurpation même. Car dès l'instant de l'usurpation il étoit le plus foible. C'est parce que je suis plus foible que les brigands, que je leur laisse enlever ma bourse; c'est parce que je suis plus foible qu'eux, que je leur abandonne ma maison. De maniére que, si l'on veut presser les conséquences de ce raisonnement monstrueux, ce sera l'acte du vol qui légitimera le vol ; ce sera l'acte de l'usurpation, la rebellion des armées qui légitimera la rebellion des armées, la défection du peuple qui légitimera la défection du peuple ; ce sera la force ou la foiblesse, l'audace et la témérité qui régleront les prescriptions et qui transporteront les droits.

XI. La meilleure réponse qu'on puisse faire à de pareilles objections, c'est de les vouer au mépris qu'elles méritent. On ne daigne pas même en faire mention dans les bons auteurs.

Toute usurpation de la souveraineté traîne après elle des guerres, des divisions, des désastres, des calamités de toute espèce ; c'est ce que personne ne doit ignorer puisque tout l'univers en a fait la triste expérience. Mais ces suites épouvantables, qui devroient en détourner les peuples, n'excusent pas ceux qui s'y livrent, et ne légitiment pas leurs forfaits. Aussi sans aucun égard à cette série de guerres, de divisions, de misères, de calamités, de foiblesse de la part du souverain, de succès de la part de l'usurpateur, quelques prétextes que l'on allègue, et quelques raisons que l'on oppose, tous les bons auteurs s'en tiennent invariablement à une seule et même décision. Avant que cette espèce de prescription puisse avoir lieu, ils éxigent tous un temps immémorial, un temps qui excède la vie ordinaire des hommes,

Tempus memoriam excedens. Et non-seulement ils s'accordent entr'eux dans leurs décisions, mais ils prouvent évidemment par une infinité de citations que telle fut la jurisprudence soutenue de tous les siècles. *)

XII. Toutes ces grandes questions de droit presqu'aussi anciennes que le monde, se trouvant clairement et invariablement décidées avant nous par tout ce qu'il y a de plus savant et de plus estimé parmi les auteurs, nous nous trouvons parfaitement dispensés de les discuter et d'y répondre. Dans nos dissertations, nous ne demandons point *combien il faut de temps* pour prescrire contre les souverains, nous demandons *pourquoi* il faut tant de temps pour prescrire. Nous ne demandons point quand les droits se trouvent trausférés, mais *par qui ils sont transférés.* Dans cette question, comme dans toutes les autres, nous ne demandons point quelles sont les lois; mais sur quoi reposent les lois: si c'est *sur les conventions des hommes.*

---

*) Qu'on lise *Grotius*, *Puffendorf*, tous les bons auteurs qui ont traité de cette prescription. Tous ces hommes savans ne disent pas seulement leur avis, ils l'appuient des citations les plus graves et les plus multipliées.

Laissant donc de côté ce qui a été si solennellement décidé avant nous, c'est à direle temps de cette prescription, examinons pourquoi cette prescription exige un si long temps. Nous en trouverons également les raisons dans les principes du droit naturel.

---

§. V.

Règles de cette Prescription.

I. Pourquoi faut-il tant de temps pour prescrire contre les souverains? Pourquoi faut-il plus de temps que pour prescrire contre les particuliers? *Est-ce parce que les publicistes l'ont décidé ou parce que les hommes en sont convenus?* Non. Nous soutenons qu'entre les différentes prescriptions il doit y avoir des différences essentielles et qu'il y en a effectivement. Par la raison bien simple qu'il y a essentiellement de la différence entre le vol d'un couteau et le vol d'une pièce de terre, entre le vol d'une pièce de terre et l'usurpation d'un Royaume ou d'une province. Les régles primitives et fondamentales des loix ne dépendent pas de la volonté des hommes.

II. *Pourquoi tant de temps pour prescrire contre les souverains?* Parce que pour prescrire, il faut que la bonne foi puisse se former, et qu'elle est bien plus long-temps à se former dans l'invasion du trône, que dans l'usurpation des biens particuliers. „ Pour pouvoir prescrire, *dit Lessius*, il faut „ que je puisse croire de bonne foi pendant „ un certain temps, ou que ce que je possède „ est à moi, ou qu'on me l'a donné, ou „ qu'il a été payé, ou que le crime a été „ puni, pardonné ou totalement oublié, sans „ cela la bonne foi n'existera pas. *Propriè „ loquendo, nunquam procedit praescriptio cum „ malá fide. Ut praescribam, requiritur ut „ certo temporis spatio, bonà fide existimem „ me nihil debere, aut putem esse condonatum „ aut solutum vel ut omnino memoriá excide- „ rit, quia aliás non censebor boná fide pos- „ sidere.* " (Lessius de praescript. Dubit. 6.)

Si je suis simple particulier, qu'on m'ait enlevé mon bien et que je ne le redemande pas, celui qui le possède s'accoutume insensiblement à le regarder comme le sien. Il oublie aisement qu'il est à un autre. L'invasion d'un bien particulier, quand elle seroit totalement injuste, est si peu éclatante par sa nature, qu'elle tombe facilement dans l'oubli, et que par l'habitude paisible de la possession, *la bonne foi* peut se former aisément dans l'esprit des possesseurs. *)

Dans l'usurpation *de la souveraineté*, ce n'est pas la même chose, le trône, par sa position, est une place si élevée, le gouvernement, par sa nature, est un bien si public, si solennel et si connu: *tanti plerumque sunt momenti negotia ista, tamque conspisuâ in luce geruntur* (dit Puffendorf de Usurpatione) que dès l'instant de l'usurpation, tout le monde s'aperçoit de l'invasion; l'usurpateur, le souverain légitime, les armées, les sujets, les héritiers, tous les peuples, tous les souverains de l'univers en sont parfaitement instruits. L'usurpation du trône ou d'une partie de la souveraineté est non-seulement le plus criant de tous les crimes, c'est aussi le plus éclatant. Il est impossible que l'usurpateur, tant qu'il éxiste, ni même ses premiers successeurs puissent en oublier l'atrocité. Pour qu'une violation aussi frappante puisse tomber dans une espèce d'oubli, il faut que la génération actuelle soit éteinte, il faut qu'aucun des hommes qui éxistent

*) Summum imperium non est paris rationis cum rebus aliis, imò nobilitate suâ res alias multùm excedit. *(Grot. de Usurp.)*

maintenant ne puisse en avoir été témoin. Voilà ce que les publicistes appellent *un temps immémorial*, un temps dont qui que ce soit parmi les hommes éxistans ne puisse se souvenir, un temps qui excède la vie ordinaire des hommes: *Tempus immemorabile, tempus memoriam excedens.* *)

III. *Pourquoi tant de temps pour prescrire contre les souverains!* Parce que, pour que la prescription ait lieu, il faut que le crime

---

*) On se souvient encore de l'usurpation *de Pépin* en France, de *Denys* à Syracuse, *des Brutus et des Césars* à Rome. Et on s'en souviendra tant qu'il y aura des histoires. Ainsi ce n'est pas là ce que les auteurs appellent *un temps immémorial.* Par un temps immemorial en matière de droit, on entend un temps qui excède la vie ordinaire de l'homme, de manière qu'aucun de ceux qui existent maintenant n'ait pu être témoin du fait en question, ce qu'on évalue ordinairement *à cent ans.* Dès-lors, après une si longue possession, celui qui possède peut croire de bonne foi le crime puni, la faute pardonnée, les droits transportés irrévocablement dans ses mains, non seulement par l'arbitre suprême des empires, mais par le maître de la souveraineté sur la terre. Sa bonne-foi repose sur la donation qui lui est faite par la loi.

soit ou puni, ou pardonné, et pour cela il faut du temps. Si je suis simple particulier et qu'on m'ait enlevé mon bien, les tribunaux publics sont près demoi. Si je veux poursuivre le détenteur, j'en suis le maître. Si je ne le fais pas, le détenteur peut croire avec raison que je n'ai pas la volonté de le faire.

Mais quand un souverain se trouve détrôné par son peuple, ou dépouillé par un usurpateur, à quel. tribunal peut-il recourir? . . . Tant que le crime triomphera, il est clair qu'il n'y en a point sur la terre. Et que de coupables dans cette invasion! Quelle foule innombrable d'individus qui ont au moins, par inaction, aidé l'usurpateur dans sa criminelle entreprise! Pour qu'on puisse croire de bonne foi le crime anéanti, il faut que tous les coupables soient morts, il faut qu'ils aient tous comparu au tribunal de l'Etre suprême, il faut que la génération actuelle soit éteinte, qu'aucun de ceux qui éxistent maintenant n'ait pu participer au crime de l'usurpateur; et voilà ce que les publicistes appellent *un temps immémorial*, un tems qui excède la vie ordinaire des hommes. *Tempus immémorabile*, *tempus memoriam excedens.*

IV. *Pourquoi tant de temps pour prescrire contre les souverains?* Parce qu'avant de les dépouiller par la prescription, il faut leur laisser la faculté d'agir contre les usurpateurs et que pour cela il faut du temps. Si je suis simple particulier et qu'on m'ait enlevé mon bien, la force publique est-là. J'ai tous les jours la facilité de la réclamer et de faire chasser les coupables. Si je néglige d'en profiter, on peut avec raison m'imputer cette négligence et croire de bonne foi que je ne le veux pas. Dans ces cas particuliers, aussitôt que ma réclamation est faite, la possession est censée interrompue. Parce que la puissance que je réclame étant toujours plus forte que le détenteur, elle a, dès l'instant même, le pouvoir efficace de me faire rentrer dans mes droits; si elle ne le fait pas, ce n'est point du tout par impuissance, c'est pour examiner si mes droits sont réels. *)

---

*) Ce principes si connu : *que chacun est maitre chez soi*, est-il vrai dans toute son étendue? Si un brigand égorge et massacre dans sa maison, est-il bien vrai que ses voisins n'ont pas le droit de s'en méler? . . . Et si un peuple égorge et massacre ceux qui le gouvernent, est-il bien vrai qu'on doit le laisser faire. Tous les souverains sont fréres puisqu'ils sont investis d'une portion de l'autorité du Pere universel. Ce sentiment intime qui avertit les particuliérs de se secourir ne parle-t-il pas encore plus fortement aux nations et aux souverains? La loi naturelle et la Loi divine ne les

Mais quand un souverain se trouve chassé par son peuple, ou dépouillé par un usurpateur, où est la force publique qu'il puisse réclamer? *Où est-elle?* Elle n'est pas à sa disposition. Elle est passée en tout ou en partie dans les mains de son adversaire. A qui s'adressera-t-il? *A son peuple?* Il est gagné. *A ses armées?* Il n'en a plus. *Aux puissances?* Elles sont trop foibles, ou elles ne marchent pas de concert. Quand il se fait une révolution dans un état, l'illusion de la nouveauté, les promesses des usurpateurs, un peuple égaré, des armées corrompues, des puissances trompées ou intimidées peuvent très-bien former pour long-temps un torrent irrésistible qui entraîne tout dans son cours. Le souverain lui-même peut se trouver jetté dans les fers. Avant qu'il puisse se former en sa faveur un parti assez redoutable pour interrompre la possession, il faudra peut-être un très-long temps. Cependant jusqu'à ce qu'il se forme un pareil parti, toutes ses oppositions sont vaines,

---

y obligent-elles pas? . . . *Plato puniendum censet qui vim illatam non arcet. Qui non defendit, nec obstat, si potest, injuriam, tam est in vitio quam si parentes, aut socios deserat.*

toutes ses réclamations sont de nulle valeur. Parce que dans les particuliers comme dans les souverains, pour interrompre la prescription, il faut avoir la faculté d'interrompre la possession. Pour réclamer validement, il faut réclamer efficacement, il faut se montrer avec des forces qui soient en état d'expulser son adversaire . . . Voila, ce me semble, de bien grandes différences. Pour peu qu'on réfléchise sur la nature des choses, on conviendra qu'il est infiniment plus facile de donner des exploits que de lever des armées, de réclamer des huissiers que de faire marcher des canons, de revendiquer un bien particulier que de recouvrer un trône. Tous les jours un particulier peut interrompre la possession; il en a sous la main tous les moyens; un souverain dépouillé, ne les a pas: souvent, avant de pouvoir reprendre une supérioriré décidée, il faut que la génération coupable qui l'a detrôné soit èteinte; il faut que tous ceux qui ont trempé dans cette criminelle entreprise n'éxistent plus: et voilà ce que les publicistes appellent *un temps immémorial*, un temps qui excède la vie ordinaire des hommes: *Tempus immémorabile, tempus memoriam excedens.* *)

---

*) Ici ce n'est ni le droit, ni l'instruction du procés, ce sont les moyens et la force qui manquent. Un

V. *Pourquoi tant de temps pour prescrire contre les souverains?* Parce que, ce qui m'est impossible dans les circonstances actuelles, pourra fort bien me devenir possible, quand les circonstances seront changées. Quand il se fait une révolution dans un état, l'illusion de la nouveauté, l'espoir d'être mieux peuvent en imposer aux esprits et peuvent en imposer très-long-temps; mais enfin avec le temps et par le malheur même des temps, l'illusion se dissipe, les peuples se détrompent, les chimères du bonheur dont on s'étoit laissé bercer s'évanouissent: on est piqué d'avoir été si cruellement joué et on ne veut plus l'être. Voilà pourquoi chez tous les Publicistes et tous les auteurs sensés, la défection versatile des peuples, l'enthousiasme momentané des armées, la reconnoissance universelle des puissances, l'impuissance absolue du souverain ne font pas la

---

particulier les a toujours sous sa main : voilà pourquoi sa réclamation interrompt la possession, parce que la force publique qu'il réclame est dans l'instant même en état de chasser le détenteur. Le souverain dépouillé au-contraire est souvent très-long-temps dans l'impossibilité d'interrompre la possession de l'usurpateur et jusque là ses réclamations sont vaines et illusoires. Quelle différence!

plus petite chose en fait de prescription; ils ne daignent pas même en parler. Parce que tout cela peut changer; que pour fonder la prescription, il ne suffit pas que le souverain légitime soit sans forces, il faut qu'il soit dans une impuissance morale, perpétuelle et soutenue: il faut que cette impuissance morale et soutenue se trouve constatée *par une possession séculaire* non interrompue de la part de l'usurpateur. *Tempus immémorabile, tempus memoriam excedens.*

VI. *Pourquoi tant de temps pour prescrire contre les souverains?* Parce que, ce qui m'est impossible à moi que l'usurpateur opprime et qu'il retient peut-être dans les fers, pourra fort bien devenir possible à mes héritiers et à mes successeurs. Et cette raison seule, aux yeux de l'esprit droit, trancheroit la question, quand les autres ne la termineroient pas. En Angleterre, *Cromwel* fut très-long-temps paisible possesseur; personne ne put l'interrompre dans sa possession pendant sa vie. Quand il fut mort, un seul homme fit changer tous les esprits. Le fils *de Charles I.* fut rappellé sur son trône. Quand le fondateur m'a légué la souveraineté, ce n'est pas à moi seul qu'il l'a léguée, c'est à tous ceux qui sont appellés après moi au gouvernement par l'ancienne constitution: si c'est *une monarchie* héréditaire, il l'a léguée au plus proche du sang; si c'est une *Aristocra-*

tie, il l'a léguée aux grands; si c'est une *démocratie*, il l'a léguée aux députés du peuple. Sous quelque forme que ce soit, le fondateur m'a assigné des successeurs; et si je n'ai pas la possibilité de chasser l'usurpateur, mes successeurs pourront l'avoir; la loi doit leur en accorder le temps. *)

Qu'on lise tout le chapitre 4. *de Grotius* sur cette prescription et les notes subséquentes: Ce savant auteur, après avoir fait le relevé des Rois de plusieurs nations, observe que, l'un portant l'autre, dans l'espace

---

*) Quand on objecte que, par les soins de l'usurpateur, la race du souverain se trouve souvent bientôt éteinte. c'est une bien mauvaise raison: quand la dynastie régnante se trouveroit éteinte, l'esprit du fondateur ne l'est pas. Si par l'ancienne constitution la souveraineté se trouve léguée au premier dans l'ordre de la naissance, c'est le premier seigneur qui y a droit. *Dans une Aristocratie*, ce sont les Grands; *dans une Démocratie*, ce sont les députés du peuple. D'après l'esprit du fondateur, il reste toujours des prétendans. Toute constitution est stable par sa nature. Ainsi dans quelque révolution que ce soit, il faut toujours cent ans pour voir si les anciens prétendans ne tenteront pas de faire valoir leurs droits.

de cent ans, il se trouve environ trois règnes. Il cite à ce sujet la réponse que firent les Romains à Antiochus qui leur redemandoit des villes que *ni lui*, *ni son père*, *ni son aïeul* n'avoient jamais possédées, *quas ipse, pater, avus nunquam usurpassent*) D'où s'ensuit ce raisonnement bien clair : Puisque le cours d'un siècle, l'un portant l'autre, renferme ordinairement l'espace de trois règnes ; en donnant au souverain légitime l'espace de cent ans, on donne, non-seulement au Souverain actuel, mais à deux de ses successeurs le temps d'agir et de se pourvoir. Si pendant cet espace de temps, ils ne le font pas, c'est une marque certaine ou qu'ils ne le veulent pas, ou qu'ils ne le peuvent pas. Et dans les deux cas, la raison éxige qu'ils soient définitivement dépouillés d'un droit, dont il est clairement constaté qu'ils ne feront plus usage. Or, ces *cent ans* qu'accordent les Publicistes aux héritiers est ce qu'ls appellent *un temps immémorial*, un temps qui excède la vie ordinaire des hommes. *Tempus immemorabile tempus memoriam excedens.* *)

---

*) In ccc annis, decem in Aegypto fuisse Reges notat Philo: Lacedemone, annis quingentis quatuordecim. *(Grot. Annotata ad Cap. 4tum)* Quand on a sous sa main tous les moyens de rentrer dans son bien et qu'on ne les emploie pas, on ne doit pas

VII. *Pourquoi tant de temps pour prescrire contre les souverains?* Parce qu'il n'y a rien de plus terrible au monde que le changement perpétuel de souverains et de constitutions. Si je suis simple particulier et que mon bien passe dans d'autres mains, l'état n'en est pas troublé. C'est un particulier à la place d'un autre, il n'y a guères que moi qui en souffre. Mais quand un usurpateur renverse un souverain, et qu'il veut se maintenir à sa place, dans un débat d'une aussi grande importance, tout le monde prend parti et tout le monde est forcé d'en prendre un. Armées, peuples, puissances, tout se trouble, tout se dechire, tout est inondé de sang. . . C'est pour abréger les malheurs des peuples qu'on voudroit abréger le temps de la prescription. Mais dans la supposition même

---

trouver mauvais que la loi nous en dépouille, nous et nos héritiers. Tel est le cas des particuliers qui ont toujours la force publique prête à marcher à leur réquisition; mais quand on n'a pas ces moyens la loi doit à celui qui est opprimé et à ses héritiers tout le temps nécessaire. Uue loi qui dépouilleroit quelqu'uu de ses droits sans lui laisser le temps de tenter les moyens d'y rentrer, seroit une loi injuste et l'esprit du fondateur ne sauroit être interprété de cette manière.

que le peuple ne fût pas l'artisan de ses propres maux, dans la supposition presqu' impossible qu'il fût totalement innocent, la fréquente prescription ne seroit-elle pas pour les peuples le plus grand de tous les malheurs? Si l'usurpateur pouvoit prescrire contre l'ancien souverain au bout de trente ans, trente ans après, un autre pourroit prescrire contre l'usurpateur; ce seroit un bouleversement perpétuel. Chez quel peuple sensé adoptera-t-on de pareilles lois? L'usurpateur lui-même, s'il étoit légitimé, en voudroit-il? Trouveroit-il bon qu'on pût déposseder ses successeurs tous les trente ans? Marque certaine que dès qu'on s'écarte de vrais principes, on s'écarte de ses vrais intérêts. Multiplier les prescriptions, ce seroit multiplier les désastres, ouvrir la porte aux révolutions. Il n'y a que l'impossibilité absolue de rétablir les anciens souverains qui puisse laisser subsister les nouveaux, et cette impossibilité absolue ne peut être constatée que par une interruption soutenue pendant plusieurs règnes. C'est-là ce que les publicistes appellent *une temps immémorial*, un temps qui excède la vie ordinaire des hommes. *Tempus immémorabile*, *tempus memoriam excedens.*

VIII. Voilà, certes, des différences bien frappantes dont les Publicister ne sont pas les maîtres, que toutes les nations ensemble ne sauroient empêcher, qu'aucune puissance sur la terre ne changera jamais: puissance spirituelle, puissance temporelle, le fondateur lui-même, rien ne peut abréger le temps de cette prescription, parce que ces différences ne sont point du ressort des hommes.

P. VI.

Translation des Droits.

I. Si aucune puissance au monde ne peut transférer les droits souverains avant le temps marqué pour la prescription, quand le temps marqué pour la prescription est arrivé, aucune puissance au monde ne sauroit en empêcher la translation, ni les conserver au souverain légitime, Quand l'usurpateur et tous ses adhérens sont morts, qu'ils ont comparu au tribunal de l'être suprême, que le crime est puni, que la tache en est effacée, que toute la coupable génération qui y avoit participé est généralemen éteinte; quand il est constaté par une impuissance morale, soutenue et non interrompue que le souverain légitlme et ses héritiers sont rejettés sans aucun espoir de retour, dès-lors la prescription est acquise, le souverain légitime est dépouillé, ses droits sont, malgré lui, totalement et irrévocablement transportés. Pour.

quoi cela? Parce que le fondateur le veut, parce qu'il ne peut pas ne le pas vouloir, parce qu'il est impossible d'interpréter autrement ses intentions.

II. Voilà *le maître véritable* de toutes les loïs humaines, et tant qu'il fût méconnu, les Maîtres de droit les plus distingués rencontrérent à chaque pas des difficultés insurmontables —. *Grotius*, qui sentoit à merveille, qu'à l'instant de la prescription, les droits ne sauroient être transférés dans d'autres mains que par la volonté d'un propriétaire, a fondé la loi de la prescription sur *le désistement présumé* du propriétaire actuel; mais il la fait porter à faux, comme le disent fort bien *Puffendorf* et ses commentateurs. Quand je ne peux pas rentrer dans un bien qu'on m'a volé, ce n'est point du tout une preuve que je le donne, et quand je serois cent ans dans l'impuissance absolue de le recouvrer, ce ne seroit point du tout une preuve que je l'abandonne volontairement à celui qui le possède. Si pour effectuer la prescription, il falloit attendre que le propriétaire actuel *y* consentît, il arriveroit bien rarement qu'elle sortît son effet, puisque trés-souvent le dernier propriétaire voudroit rentrer dans la jouissance de son bien après la prescription même. *Certum est diuturnum silentium non semper ad praesumptionem tacitae derelictionis valere*... *De-*

relictio propriè dicta rarissimè fingi potest, cùm ea plerumque invitis opponatur. (Puffendorf *Chap.* 12 et dans les notes.)

III. Quelle est donc la volonté qui transporte les droits à l'instant de la prescription? Ce n'est point celle du propriétaire actuel, comme le prétend *Grotius*, puisque souvent il en est très-fâché. C'est encore bien moins la volonté du peuple, comme le veulent *Puffendorf* et tous les conventionnels, puisque la souveraineté ne put jamais appartenir aux peuples. C'est la volonté suprême de ce propriétaire primitif qui, dans l'origine, ne devant son bien à personne, en dispose au besoin, comme il le juge à propos. *Auteur universel* de toute sa cité, la souveraineté fut à lui et à lui seul? Il vous la donna parce qu'il le voulut: quand il le veut, il vous la retire. *)

IV. Toujours juste, toujours équitable, toujours d'accord avec lui-même, dès que c'est à vous qu'il a légué sa souveraineté, il est certain que quand on vous l'enlève, il vous doit, à vous, et à ceux qu'il a designés après vous, tout le temps nécessaire pour renverser, s'il est possible, les usurpateurs. Pendant tout ce temps, c'est à vous à agir,

---

*) Historici vetera reposcere, vaniloquentiam vocant. *(Grot. Lib. 2. Cap. 4.)*

à réclamer vos partisans, à intéresser les puissances, à tenter tous les moyens qui sont en votre pouvoir. Si pendant ce temps vous pouvez venir à bout d'interrompre la possession, il est très-certain que vos droits revivent, qu'à dater de cette interruption jusqu'à une nouvelle possession séculaire, on ne sauroit faire valoir la loi contre vous.

V. Mais quand l'usurpateur et ses successeurs ont possédé sans interruption *pendant cent ans:* quand le temps légal est accompli, que l'instant fixé pour la prescription est arrivé; si vous êtes l'héritier légitime, c'est en vain que vous voudriez perpétuer vos protestations, c'est en vain que vous prétendriez encore faire des tentatives à main armée: quand vous ne voudriez pas vous dépouiller de vos droits, la loi vous en dépouille, quand vous ne voudriez pas dispenser vos sujets du serment de fidélité, la loi les en dispense: et cette loi, ce n'est pas vous qui l'avez faite, c'est le fondateur, c. à. d. celui qui vous avoit légué la souveraineté sous ces conditions. *)

---

*) Quoiqu'un particulier soit soumis à la loi civile, ce n'en est pas moins lui qui dispose de son bien. Quoique le fondateur soit subordonné à la loi naturelle, ce n'en est pas moins lui qui dispose de sa

VI. Et cette loi est très-juste: depuis plus de cent ans, ceux qui gouvernent, gouvernent paisiblement, vous ne les avez point interrompus dans leur possession; par cette longue cessation, vous avez fait voir à tout l'univers ou qu'il vous étoit impossible de rentrer dans vos droits, ou que vous ne le vouliez plus. Dans les deux cas, si je suis fondateur, il faut bien que je vous remplace; il est impossible que je laisse ma cité sans maître.

VII. Depuis plus de cent ans, ceux qui gouvernent, gouvernent paisiblement; pendant cette longue possession le gouvernement actuel a pris consistance. Pour le renverser de nouveau, il faudroit un bouleversement affreux. La même raison qui m'a déterminé à ne pas consentir au changement *pendant cent ans* m'oblige à ne plus consentir au changement après *cent ans* de stabilité et de consistance. Et quelle est-elle cette raison? C'est le repos du genre humain; c'est,

N 2

---

souveraineté. Il n'est pas le maître de la transférer avant le tems, mais au tems marqué, ce n'en est pas moins lui qui la transféra. Il n'est pas le maître de la nature, mais il est le maître de ses droits.

comme le disent tous les publicistes, pour empêcher que les propriétés et les Royaumes sur-tout, ne changent perpétuellement de mains: *ad vitandam dominiorum incertitudinem;* en fait de gouvernemens, ces changemens sont toujours terribles.

Depuis plus de cent ans d'interruption, l'usurpateur a comparu devant le vengeur des crimes; tous ceux qui avoient eu la bassesse d'embrasser son parti sont morts. Tandis que la génération coupable qui avoit trempé dans ce forfait a subsisté, si j'ai dû la livrer à l'instabilité et à l'anarchie, à tous les maux qu'elle s'étoit attirés, maintenant qu'elle est punie, maintenant qu'elle n'éxiste plus, il faut enfin que le châtiment finisse que le sang cesse de couler, que les peuples et les empires rentrent dans un état de repos.

VIII. Enfin pour tout dire en un mot, si vous êtes le dernier propriétaire de la souveraineté, sous quelle condition l'aviez-vous reçue? Sous quelles conditions la possédiez-vous? N'étoit-ce pas *à charge de prescription?* N'étoit-ce pas sous la condition bien expresse qu'une possession immémoriale non interrompue la transféreroit dans les mains d'un autre possesseur? Cette condition est remplie, *la possession immémoriale* est effectuée. Donc, la souveraineté n'est plus à vous: elle est transférée par le fait dans les mains de votre adversaire. *)

IX. Et c'est-là ce qui lève aisément la difficulté que se fait *Grotius* sur l'effet de la prescription relativement aux enfans qui ne sont pas encore nés. Si la volonté de ceux qui sont nés ne peut rien contre la loi, la volonté de ceux qui sont à naître *y* peut encore bien moins. Qu'on se souvienne bien que, depuis le fondateur, personne n'a droit à la souveraineté *de droit naturel*: qui que ce soit ne peut *y* prétendre que *de droit civil.* Jusqu'à l'instant de la prescription, tous les

---

*) Dans l'impossibilité de rétablir son ancien légataire, il faut bien que le fondateur en constitue un autre. C'est à lui à pourvoir à tous les besoins de sa cité, et depuis cent ans d'interruption cette impossibilité est bien constatée. Mais dans cette impossibilité, *qui doit-il constituer*? Celui qui possède. 1. Parce que depuis cent ans le crime est puni, qu'aucun des coupables n'existe plus. 2. Parce que depuis cent ans, le nouveau gouvernement a pris consistance, que ce seroit encore un bouleversement affreux de le renverser. Le peuple coupable étant mort, celui qui vient au bout de cent ans est innocent, et le peuple innocent ne mérité plus de souffrir les maux que s'étoit attirés le peuple coupable.

héritiers civils désignés par l'ancienne constitution, présens ou futurs, nés ou à naître y ont des droits: qui que ce soit ne peut les en exclure. Dès que l'instant de la prescription est arrivé, tous les anciens héritiers présens et futurs, nés et à naître cessent d'y avoir des droits Parce que les fondateurs des empires l'ont voulu ainsi et que leurs volontés interprétées selon la loi naturelle, généralement consacrées par l'usage, sont devenues pour les états des loix indessructibles qui sortissent leur effet malgré toutes les volontés contraires des peuples, des héritiers et des souverains actuels. *)

X. Quoi qu'un usurpateur ne puisse jamais ravir *la souveraineté*, quoi qu'il ne puisse jamais la conférer à ses successeurs, il est donc certain que ses successeurs peuvent très-bien l'avoir. Ils l'ont quand on la leur donne, ils l'ont quand on la leur a transmise dans les mains. Mais on ne la leur a point transmise dans les mains. Mais on ne la leur donne pas quand ils veulent et aussitôt qu'ils sont les plus forts. On ne la leur donne que quand il se trouve bien constaté que les héritiers légitimes n'en veulent

---

*) Jure Gentium inductam hanc legem ut possessio memoriam excedens, non interrupta, omnino Dominium transferret. *(Grot. Lib. 2, Cap. 4.)*

plus ou qu'ils ne peuvent plus l'avoir. Elle ne passe dans leurs mains ni à leur volonté, ni à la volonté des derniers souverains. Elle n'y passe qu'au signal de la loi, c. à. la volonté suprême et invariable *des fondateurs*.

---

§. VII.

Conduite envers l'Usurpateur.

I. On voit par là que le plus difficile dans cette question n'est pas de savoir *quand*, *par qui*, *ni comment* les droits se trouvent transférés. *La loi naturelle*, voilà la règle: *le fondateur*, voilà le maître de toutes les prescriptions, de toutes les translations et de toutes les lois. Jusqu'à ce que le temps naturel de chaque prescription soit arrivé, quand toutes les puissances de la terre le voudroient, les droits ne sont point transférés. Parce que le fondateur ne le veut pas . . . L'instant naturel de la prescription une fois arrivé, quand toutes les puissances de la terre s'y opposeroient, les droits sont irrévocablement transférés; parce que le fondateur le veut, et que sous la direction de la loi naturelle, il est lui seul le maître de ses droits.

Quand la souveraineté se trouve transférée, l'usurpateur est légitimé. Il n'est pas difficile de savoir comment se conduire à son égard; Amour, attachement, fidelité, soumission active et passive, tout lui est dû. Le défendre, le soutenir, maintenir ses intérêts contre tous, contre les anciens souverains eux-mêmes, verser pour lui jusqu'à la dernière goutte de son sang: on est tenu à tout. Il est devenu *le Père du peuple*, le représentant du fondateur; on lui doit tout ce qu'on devroit au fondateur lui-même.

II. La grande difficulté pour la pratique, ce n'est pas après la prescription, c'est avant: ce n'est point quand il est légitimé, c'est quand il ne l'est point encore. Depuis l'instant de l'usurpation jusqu'à l'instant de la prescription, c. à. d. pendant près de cent ans, puisque l'usurpateur n'a encore aucuns droits; comment faire? *Peut-on lui obéir, est on tenu de lui obéir, jusqu'à quel point doit-on lui obéir?* Enfin pendant un si long intervalle de temps, comment se conduire envers un homme, qui, sans avoir les droits souverains, en a cependant toute la force et tous les pouvoirs physiques dans les mains? Voilà, sans contredit, sur cette grande question le point le plus épineux et le plus embarassant.

III. Si pendant ce long intervalle de temps l'usurpateur se contentoit *d'une soumission passive*, personne ne doute que dans des circonstances aussi critiques, non-seulement cette soumission ne soit permise, mais même qu'elle ne soit d'obligation et de devoir : „ non pas, comme le disent fort „ bien les publicistes, que l'usurpateur ait „ par lui-même aucun droit de l'éxiger, „ mais parce que, dans ce cruel embarras, „ il est tout-à-fait probable que le maître „ des droits souverains ratifie les actes de „ son gouvernement et qu'il veut qu'en at„ tendant des meilleurs temps, on préfére „ une soumission nécessaire qui conserve „ tout à une résistance inutile et déplacée „ qui jetteroit tout dans la confussion et le „ chaos. *Dùm possidet* (usurpator) *actus im„ perii quos exercet vim habere possunt obli„ gandi, non ex ipsius jure, quod nullum est, „ sed ex eo quód omnino probabile sit eum „ qui jus imperandi habet, id malle, interim „ rata esse quae imperat quàm legibus, judiciis „ que sublatis, summam induci confusionem.* „ (Grotius *Lib.* 1. *Cap.* 4.) “, de manière qu'avant comme après la prescription, c'est, comme on le voit, le maître de la souveraineté qui commande, ce sont ses volontés interprétatives qu'il faut consulter, parce que c'est lui seul qui peut valider les actes d'un gouvernement radicalement invalide par lui-même. *)

Quel est ce maître suprême des droits souverains? *Est-ce le peuple*, comme le veulent les conventionnels? *Est-ce le souverain actuel*, comme le prétend *Grotius?* Encore une fois, voilà la double erreur que nous poursuivons comme le double fléau de l'ordre social, dont il est infiniment impor-

---

*) Si quid tamen imperent Juri naturali aut divinis praeceptis contrarium, non esse faciendum quod jubent apud omnes bonos extra controversiam est. *(Grot. Lib. 1. Cap. 4.)* On doit être soumis à tout gouvernement existant quelqu'injuste qu'il soit d'ailleurs, tant qu'il ne propose pas de ratifier ses injustices; mais dès qu'il donne des ordres injustes ou qu'il propose de ratifier ses injustices, toute soumission même passive est défendue. Plutôt mourir que de faire ce qu'il commande. Ce qui est contraire au droit naturel ou aux commandemens de Dieu ne peut être permis sous aucuns gouvernemens: et comme l'usurpateur ne regne que par la force, il est évident qu'on ne peut lui faire que des sermens *temporaires*, pour le temps seulement où il sera le plus fort. S'il exigoit manifestement *des sermens illimités*, rien au monde ne peut les autoriser ni les justifier.

tant de le délivrer, puisque, tant que les gouvernemens seront livrés aux caprices des hommes vivans, jamais il n'y aura de lois. Ce maître des droits, c'est cet homme mort dont l'esprit perpétuel et indestructible ne peut être interprété que selon les règles tutélaires et invariables de la saine raison et de la justice. *)

IV. Maintenant on demande ce qu'on entend par cette soumission passive, ce qu'on entend par la soumission active, jusqu'à quel point il est permis d'obéir à l'usurpateur. Si l'on consulte la crainte, la passion et l'intérêt, point d'article plus obscur, plus ténébreux, plus embarassant. Si l'on s'en tient à *l'esprit du fondateur* interprété par la saine raison, rien de plus clair et de plus précis: il n'est question que de faire taire les passions.

En effet, si cinquante brigands bien armés, après avoir massacré votre père, égorgé

---

*) C'est ce maître suprême de la souveraineté qui, pendant la tempête, souffre le nouveau gouvernement, ordonne la soumission, permet même quelquefois la fidélité envers lui, se relâche plus ou moins de ses droits pour conserver la chose à ses héritiers: c'est son esprit toujours interprété selon les règles de la justice qui règle la conduite dans tous les cas.

vos frères, s'être constitués totalement les maîtres de votre maison et de votre propre personne, vous ordonnoient de cultiver la terre, de leur en donner le produit: s'ils vous ordonnoient même sous peine de mort de marcher avec eux pour se maintenir dans leur usurpation, ne croiriez-vous pas pouvoir le faire? A quoi vous serviroit-il de leur résister tant qu'ils seroient les plus forts, sinon à perdre tout et à vous faire égorger vous-mêmes?

V. Mais si ces cinquante voleurs, après avoir garotté votre père, vous ordonnoient de tirer sur lui, de les aider à le massacrer: s'ils vous proposoient de ratifier leurs brigandages, de sanctionner tout ce qu'ils ont fait et de signer qu'ils ont eu droit de le faire: *le feriez-vous?* Voilà cependant à quoi se réduit cette fameuse question. *)

---

*) Si le fondateur n'en dispensoit pas, ce seroit une injustice de prêter serment de fidélité à l'usurpateur. Ce seroit même une injustice de lui payer les impots, puisqu'il s'en sert pour maintenir son usurpation. Tout cela ne devient permis que parceque le fondateur le permet, qu'autant qu'il le permet, que pour le temps qu'il le permet. Dès que le danger cesse, que le parti du souverain reprend le dessus, aussitôt qu'il devient possible de faire au-

VI. Tant que l'usurpateur est le plus fort, fût-il aussi atroce que *Néron*, aussi coupable que *Phocas*, quoi qu'il n'ait pas les droits souverains, il est certain que *la soumission passive* lui est due. Et que peut-il éxiger en vertu de cette soumission? Le travail, la culture des terres, le payement des impôts, l'observation des lois de police et reglementaires: tout ce qui peut contri-

---

trement, la dispense cesse et l'obligation contraire recommence. *Magis probabile est . . . praesumi principem expulsum tantisper civibus remisisse obligationem ergo se quoad fata ipsi viam ad regnum iterum aperiant et quidem quantum id ad conservationem ipsorum et declinandis periculis est necessarium, et hactenus quoque duntaxat fides quam invasori cives dederunt stringere videtur ut illa sit velut temporaria, expirans ubi regi expulso sit facultas regnum suum recuperandi.* (Puffendorf Lib. 7. Cap. 8.) de manière que celui qui se trouve forcé d'agir en faveur de l'usurpateur ne doit le faire que dans un grand danger, qu'autant que le danger dure, agir le moins possible, déserter, s'il le peut, tirer en l'air, et même, dans le plus grand danger, épargner la personne du Roi : *etiam in vitae periculo personae Regis parcendum.* (Grot. Lib. 1. Cap. 4.)

buer directement ou indirectement à la sureté, à la salubrité, au bien être de la patrie, sans cependant se mêler *personnellement* de tout ce qui concerne le nouveau gouvernement : voilà ce qu'on appelle *être passif* et ce que le fondateur ordonne à tous.

VII. Il y a plus: c'est que s'il y a péril éminent soit pour la vie, soit pour les biens, et que l'usurpateur éxige *le serment de fidélité*, les auteurs les plus graves sont d'avis qu'on peut le prèter et s'engager à servir sous lui, s'il est impossible d'éviter le danger d'une autre manière. Non pas que *la fidélité* lui soit due: elle est encore bien plus révoltante que *la soumission;* mais parce que le fondateur qui est le maître absolu de ses droits peut s'en relâcher, et qu'il s'en relâche en effet tant que la justice et la nécessité l'exigent; parce qu'à raison de la gravité du danger, et tant que le danger subsiste, pour conserver, autant qu'il est possible, les personnes et les choses à ses légitimes héritiers, s'il revient de meilleurs temps, le fondateur est justement présumé dispenser en partie de la fidélité qui leur est due: parce que tous les sacrifices qui dépendent de lui et qui peuvent empêcher de plus grands maux, le fondateur est légitimement présumé y condescendre. Voila, en attendant la prescription, jusqu'où peut aller la soumission active sous la domination injuste d'un usurpateur, d'après l'esprit toujours équitable du maître suprême des droits souverains.

VIII. Mais agir directement contre son souverain légitime, livrer sa personne sacrée, tirer sur lui, aider à le massacrer; mais se prêter aux atrocités du gouvernement, souscrire à des lois injustes, reconnoître que l'usurpateur a les droits souverains, lui prêter serment de fidélité perpétuelle et illimitée, voila ce que l'on ne sauroit faire, voila ce que le fondateur ne sauroit permettre, même dans le danger le plus pressant. Parce que si le fondateur doit vouloir tout ce qui peut contribuer à conserver la chose, il doit vouloir par-dessus tout la conservation de la personne de ses héritiers: parce que si le fondateur peut dispenser de ses droits, il ne peut pas dispenser des droits des autres, il peut encore bien moins dispenser du droit naturel et des lois de l'Etre suprême: parce que par toutes ses dispenses, quelqu' étendue qu'on leur suppose, il ne sauroit rendre bon ce qui est essentiellemeut mauvais.

IX. *On dira à cela qu'il y a par-tout des lois injustes, qu'ainsi l'on ne pourra jamais se soumettre à aucuns gouvernemens.* *)

---

*) Tant qu'on ne me propose rien ou qu'on ne me propose que *d'être soumis au gouvernement*; les loix injustes sont exceptées de droit nature.

Rép. Eh! Que m'importe à moi qu'il y ait par-tout des lois injustes, pourvu qu'on ne me les propose pas. Faites des lois injustes tant qu'il vous plaira, elles sont exceptées de droit naturel, et jusqu'a ce que vous me les proposiez, je n'ai rien à dire. Dans tous les cas, il faut bien distinguer entre *le gouvernement et ses lois*, entre celui qui ordonne et ce qu'il ordonne. Parce qu'il y a des lois injustes *à la Chine*, quand je suis *à la Chine*, cela ne m'empêche pas d'être de droit soumis au gouvernement chinois et d'être tenu de lui obéir jusqu'a ce qu'il me propose des choses injustes. Du moment qu'il me propose des choses injustes, je dois mourir plutôt que d'obéir. Parce qu'il vaut mieux obéir a Dieu qu'aux hommes. Autre chose est de vivre sous un gouvernement injuste, autre chose est de ratifier les injustices de ce gouvernement. *)

---

parce que je dois supposer qu'on ne me les proposera pas. Mais si on me propose *soumission aux loix en général*, et qu'il y en ait d'injustes, c'est autre chose. Je dois, ou les excepter, ou ne pas m'engager, puis qu'elles se trouvent comprises dans la proposition.

*) Les premiers chrétiens vivoient sous des gouvernemens injustes et leur étoient soumis: cela est très-

X. *Soumission passive au gouvernement éxistant* dans tous les cas. *Fidélité passagère et momentanée* dans le cas d'un grave danger. Voilà les engagemens qu'on peut prendre envers un usurpateur, parce que le fondateur le permet. Mais ces engagemens cessent à mesure que le danger cesse et que le parti du souverain légitime reprend le dessus. Et cette règle envers les particuliers est éxactement la même pour les puissances. Elles peuvent rester passives tant qu'elles sont les plus foibles, agir dans un grand danger; mais dès que le danger cesse, elles doivent soutenir le souverain légitime. Cette obligation est de droit naturel et politique tout ensemble.

---

vrai. Mais quand on leur proposoit des injustices, que faisoient-ils? Ils mouroient. Mais il n'est question, dit-on, que de choses civiles. Quelle raison! Des injustices proposées par un gouvernement civil en sont-elles moins des injustices? A-t-on jamais vu ni *Jésus-christ* ni les premiers chrétiens souscrire à des lois ou à des ordres injustes, à des faussetés et à des mensonges. Les a-t-on jamais vus jurer d'obéir et de se soumettre, même passivement, aux gouvernemens civils, quand on leur proposoit des choses réprouvées soit par les commandemens de Dieu soit par le droit naturel?

XI. D'après cela je le demande, à quoi servent tous les sermens qu'éxigent les usurpateurs, si non à tyranniser les consciences? Vous éxigez *soumission passive*? A quoi bon? Elle vous est due: elle est ordonnée par le fondateur. Vous éxigez *fidélité* sous peine de mort? Elle est permise, tant que le danger dure . . . Mais vous éxigez que je vous jure *fidélité perpétuelle*, que je reconnoisse *que vous avez les droits souverains*? C'est un mensonge: vous ne les avez pas. Si je prêtois pareil serment je ferois un parjure, et un parjure qui ne vous serviroit à rien, puisque si c'est un crime de le faire, c'en est un autre de le tenir.

XII. *Vous voulez que je jure que vous avez des droits!* . . . Mais à quoi bon? Mes sermens vous en donneront-ils? Qu'y puis-je? Qu'y peuvent toutes les puissances de la terre? Quand la prescription sera arrivée, vous en aurez. Auparavant, vous n'en aurez pas . . . Et quand vous inonderiez la terre de sang, vous n'en auriez pas davantage Pourquoi cela? Parce que le fondateur ne le veut pas. Parce qu'il lui est impossible de le vouloir légitimement avant l'instant marqué par les lois de la nature.

§. VIII.

Suites terribles de l'Usurpation.

I. Ce n'est donc point une erreur indifférente sous aucun rapport que celle des conventions. Il n'est point du-tout indifférent pour le genre humain de bien connoître : *quelle est la source des autorités, quel est le maître suprême d'où dépend l'ordre social?* . . . Lois, constitutions, Prescription, Translation des droits, stabilité ou Bouleversement des Empires; tout dépend de là.

Pourquoi tant de peuples misérablement abusés, du faîte de la prospérité où ils étoient parvenus sous leurs gouvernemens primitifs, se sont-ils précipités aveuglement dans l'abyme des révolutions où ils se sont perdus sans ressource? C'est parce qu'on leur avoit dit qu'ils étoient les maîtres de l'ordre social, qu'ils pouvoient à leur gré transporter le pouvoir suprême à qui ils jugeroient à propos. S'ils eûssent su que ce pouvoir ne leur appartenoit pas, s'ils eûssent connu clairement qu'en se révoltant contre leur souverain légitime, ils alloient se plonger pendant cent ans et peut-être plus, dans une série interminable de guerres, de secousses, de divisions, d'agitations dont il leur seroit impossible de voir la fin, dont aucune puissance au monde ne pourroit les délivrer, parce que le temps de la prescription ne dépend point de la volonté des puissances . . s'ils eûssent connu clairement cette vérité, que de maux n'eussent-ils pas évités! Que de désastres ne se fussent-ils pas épargnés depuis le commencement du monde!

II. Pourquoi tant d'usurpateurs misérablement trompés se sont-ils jettés inconsidérément dans l'abyme des révolutions à la tête des peuples et s'y sont-ils perdus avec eux? C'est parce qu'on leur avoit dit que les sujets étoient les maîtres des droits souverains; parce qu'ils s'étoient figuré que quand ils auroient la force à la main, ils disposeroient à leur gré des lois et des constitutions S'ils eûssent cru qu'en se plaçant à la tête d'une révolution, ils alloient s'engager pour cent ans et peut-être plus, eux et leurs successeurs, dans un enchaînement incalculable de guerres, de divisions, de traverses, dont toute leur puissance et toute leur sagacité ne les tireroit jamais; s'ils eûssent prévu tout cela, cette terrible perspective les eût effrayés, et ils se fussent épargné bien des calamités à eux et à tout l'univers. *)

*) Quand le fondateur ordonne la soumission, permet même fidélité dans le temps de l'orage, toute cette

Ce n'est donc pas seulement pour la stabilité des trônes, pour l'intérêt exclusif de ceux qui tiennent en main le timon des gouvernemens, c'est plus spécialement encore pour le bonheur des peuples, c'est pour l'intérêt des usurpateurs eux-mêmes, qu'il est important de rétablir des vérités fondamentales aussi précieuses et qu'on ne connoissoit presque plus.

III. Oui, nous en convenons, les constitutions peuvent changer, les droits souverains peuvent être transportés, il est dans chaque pays un maître suprême qui peut à son gré disposer de tous les droits et de tous les pouvoirs . . mais ce maître, ce n'est ni le peuple, ni l'usurpateur, ni le souverain actuel, c'est celui qui possédoit la souveraineté avant qu'il y eût des peuples.

Oui, nous en convenons, on peut prescrire contre les souverains, et quand l'instant de la prescription est arrivé, l'usurpa-

---

condescendance temporaire et indispensable ne légitime pas l'usurpateur. En se relâchant de ses droits, le fondateur ne les abandonne pas. Il ne dépouille pas pour cela ses héritiers. Ce n'est qu'à l'instant de la prescription que la translation des droits se trouve totalement et irrévocablement effectuée.

teur a des droits, il peut gouverner très-légitimement, on lui doit tout ce que l'on devroit au fondateur lui-même. Il est possible de prescrire contre les souverains . . mais pour que cette prescription ait lieu, il ne suffit pas de soulever des peuples, d'égorger des rois, de lever de nombreuses armées, d'éxiger des sermens, de subjuguer des royaumes, de se faire reconnoître et proclamer par toutes les puissances. En fait de droits, tout cela ne donne rien, éxactement rien. Pour que la prescription puisse avoir lieu, il faut que toutes les conditions naturelles de cette prescription se trouvent remplies. Et quelles sont-elles ces conditions? C'est que le crime soit aboli, que la génération actuelle soit éteinte, que tous les coupables qui avoient participé à l'usurpation n'éxistent plus; c'est que toute guerre de succession soit terminée, que tous les partis soient étouffés, que les héritiers du souverain légitime soient sans espoir: tout cela ne suffit pas, ou plutôt tout cela n'est encore rien. Pour que la prescription ait lieu, il faut que cette possession paisible continue, il faut qu'à dater de l'instant de l'usurpation, les héritiers de l'usurpateur possèdent pendant cent ans, qu'ils arrivent sans aucun intervalle d'interruption *à la possession immémoriale*, Voilà les conditions antérieures de cette prescription, conditions fondées sur le droit naturel lui-même, conditions que qui que ce soit ne changera jamais.

IV. Or, on conviendra que de pareilles conditions ne sont pas faciles; que les peuples qui se jettent témérairement dans de pareilles révolutions sont bien à plaindre, que les usurpateurs qui les y précipitent sont bien aveugles; que l'entreprise est aussi terrible, aussi périlleuse en elle-même qu'elle est coupable et criminelle. On conviendra qu'avant de pouvoir parvenir à l'instant de cette prescription, on a bien des parties à abattre, bien des obstacles à surmonter, bien des guerres à soutenir, bien du sang à répandre, bien des maux à essuyer, bien des dangers à courir, bien des mécontens à appaiser, bien des ennemis à combattre, bien des hommes à sacrifier, bien des peuples à faire souffrir; qu'après s'être donné tant de peines, avoir versé tant de sang, occasionné tant de troubles, éprouvé tant de malheurs, évité tant de dangers (fût-on assez heureux pour les éviter tous) long-temps avant que la prescription puisse avoir lieu, il faut quitter la terre, comparoître au tribunal qui saisit tous les crimes, laisser les rênes du gouvernement à des héritiers qui n'auront peut-être ni les mêmes talens, ni le même bonheur; que souvent, après avoir prospéré très-long-temps, les événemens changent, la fortune décline, l'héritier légitime reprend le dessus, ou que du moins par des forces imposantes et une puissante réclamation armée, avant que les *cent ans* soient écoulés, il remonte momentanément sur le trône, il interrompt la possession, et que par cette interruption inattendue il replonge encore pour *cent ans* les peuples dans de nouveaux troubles et de nouveaux malheurs, dont il est impossible de prévoir la fin, et qui ne laissent aux peuples trompés et aux factieux qui se sont trompés eux-mêmes, que le chagrin, la désolation, le désespoir et le remords accablant de s'être engagés témérairement dans une entreprise aussi désastreuse. *)

---

*) Pour *Pépin*, par exemple, et pour une infinité d'autres qui ne furent jamais interrompus dans leur possession, la possession immémoriale date de l'instant même de l'usurpation. Mais dans les cas où les villes et les provinces se trouvent prises et reprises, et où divers partis se succèdent et se renversent tour à tour, celui qui possède ne peut dater que de la dernière interruption où son parti a repris le dessus. Ainsi entre le renversement du souverain légitime et la prescription, le temps peut être plus ou moins long. Elle n'a pas toujours lieu au but des cent ans. Il s'en faut beaucoup. Ceux qui ne sont point interrompus dans leur possession da-

V. Malheur aux hommes qui se conduisent d'après des principes faux, sur-tout en fait de gouvernemens. Malheur aux factieux qui appellent les peuples à la rebellion contre leurs souverains et aux peuples qui se laissent entraîner à la rebellion par les prestiges des factieux et des usurpateurs. Ils se jettent tous dans un abyme de maux dont ils ne sortiront pas à leur gré, quand ils y seront engagés. D'après les règles de la nature et de la saine raison, cette espèce d'usurpation est un crime si révoltant, un acte si détestable en lui-même, qu'il n'y a que l'impossibilité absolue de l'anéantir qui puisse lui laisser l'existence. Pendant cent ans entiers et peut-être plus, si on ne revient pas à l'ancien souverain, ce seront des guerres, des séditions, des partis qui s'entr'égorgeront les uns les autres, et qui extermineront la génération actuelle. Pendant ce temps de troubles, d'agitation et de destruction, c'est en vain qu'on invoquera la paix, qu'on fera

---

tent de l'instant du renversement du souverain et prescrivent au bout des cent ans. Pour ceux qui sont interrompus dans leur possession, le temps d'interruption ne compte pas; les cent ans ne commencent à courir que de la dernière interruption. *Desultatoria possessio nihil efficit*: dit Grotius.

des traités, qu'on changera de constitution, qu'on promettra la stabilité, qu'on éxigera des sermens, qu'on croira donner et recevoir les droits souverains. Avant l'instant marqué pour la prescription, on n'en aura pas et il est impossible qu'on en ait. Parce que c'est le fondateur qui les donne et qu'il lui est impossible de les donner avant le temps fixé par des lois qui sont au dessus de tous les fondateurs.

---

§. IX.

Pouvoirs des souverains actuels.

I. Quand les nouveaux souverains ont des droits, peuvent-ils *traiter*, *contracter*, *porter de nouvelles lois?* Quels sont en tout cela leurs pouvoirs? Voila, si je ne me trompe, la dernière question qu'on puisse faire sur les souverains actuels, et la question est facile à résoudre . . . Ils peuvent traiter, contracter, porter de nouvelles lois sous l'influence et la direction législative du fondateur. Tout tire sa force *de cette volonté suprême.*

Quand je dis que les souverains actuels peuvent contracter, on sent à merveille que je n'entends pas qu'ils puissent faire *des con-*

trats sociaux: nous l'avons lumineusement établi dans les premières discussions : jamais le peuple ne sera souverain, jamais la souveraineté ne pourra descendre dans ses mains. Sous quelque forme de gouvernement que l'on suppose, c'est dans le fondateur qu'elle prend sa source, c'est sur la tête de ceux qui gouvernent qu'elle s'arrête après toutes les prescriptions, les mutations et les révolutions. Ainsi par-tout où il sera question de contracter sur la souveraineté, on doit savoir maintenant que le peuple ne sera jamais partie contractante.

II. Lorsque le temps immémorial est passé et que la prescription est acquise, quel langage est donc censé tenir *le fondateur* à celui qui gouverne pour lors, et quel langage lui tient-il en effet par la loi de la prescription? „ Vous voyez, lui dit-il, le bou-
„ leversement affreux qu'ont occasionné vos
„ prédécesseurs, tout le sang qu'ils ont fait
„ couler, tout le temps qu'il a fallu atten-
„ dre . . . Tous sont morts sans pouvoir
„ jouir du fruit de leurs sorfaits, tous ceux
„ qui les ont aidés dans leur attentat ont
„ reçu le châtiment de leurs crimes, ceux-
„ même qui en avoient été témoins n'éxistent
„ plus. A l'instant fixé pour la prescription,
„ il a été arrêté que mes droits passeroient
„ dans vos mains, et mes lois sont imuua-
„ bles. De cet instant je sanctionne votre

„ constitution et je vous remets mes pouvoirs
„ sous toutes les conditions qui y sont por-
„ tées. *) Gouvernez mes peuples en mon
„ nom; et vous, peuples, respectez le nouveau
„ souverain que je constitue sur vous; sa-

---

*) Sous toutes les conditions naturelles et admissibles, bien entendu; car toutes les conditions impossibles et extravagantes qu'on insère dans certaines constitutions, telles que *la souveraineté du peuple*, les droits que le peuple se réserve *de faire les lois*, de changer *les constitutions*, de renvoyer ses souverains, de prendre les armes contr'eux d'un côté: de l'autre côté les droits que le souverain se réserve *de gouverner arbitrairement*, de bouleverser les coutumes et les usages, de disposer à son gré des personnes et des propriétés, toutes ces clauses et autres semblables qui sont réprouvées par la nature ne peuvent être jamais ni sanctionnées par le temps, ni légitimées par l'esprit du fondateur. Essentiellement inconstitutionnelles, jamais elles ne pourront faire partie d'aucune constitution. Quelqu'anciennes qu'elles soient, il faut se hâter d'y renoncer, ou périr. C'est un corps étranger, qui, comme le dit J. J. Rousseau, perdra la constitution, si on ne l'en debarasse pas. De-là le danger des principes faux en fait de gouvernemens.

„ chez que si jamais vous osez le rejetter, „ vous retomberez inévitablement dans la „ même série de malheurs dont vous venez „ de sortir, jusqu'à ce qu'une nouvelle pres„ cription arrive. "

III. *En fait de souveraineté*, il en est donc des derniers temps comme des premiers, de la dernière constitution comme de la première. Toute espèce de constitution, quelqu'ancienne ou quelque nouvelle qu'elle soit, est toujours un véritable contrat synnallagmatique, par lequel *le fondateur* remet au souverain actuel ses droits souverains, à la charge par lui de se conformer à ses volontés et par lequel le souverain actuel s'oblige de se conformer aux volontés du fondateur par l'acceptation même des droits souverains. Et quelles sont les deux parties de ce contrat? C'est *le fondateur* d'un côté et *le souverain actuel* de l'autre. Et quel est le garant de ce contrat? *C'est le maître de l'univers.* Et qui est-ce qui dicte les clauses de ce contrat? C'est le donateur de la souveraineté: c'est le fondateur lui seul. C'est sa volonté éternelle, juste et inaltérable, qui fera la règle de tous les contrats, de tous les traités, de toutes les lois et de toutes les constitutions jusqu'à la consommation des siècles. D'après cela, il est aisé de voir jusqu'où vont et jusqu'où pourront aller à jamais le pouvoirs des souverains actuels sous toutes les formes possibles de gouvernemens.

IV. *Si c'est du fondateur lui seul qu'ils reçurent la souveraineté?* Tant qu'ils n'allèrent pas contre les volontés possitives du fondateur, il est clair que les souverains actuels durent être les maîtres d'en disposer dans tous les temps, et cela indépendamment du peuple. Aussi le firent-ils. C'est ainsi que, dans l'origine, tant que la loi du fondateur ne s'y opposa pas, les premiers souverains donnoient librement leur couronne à l'aîné, ou aux cadets, aux filles ou aux femmes, partageoient ou ne partageoient pas leurs domaines. Au droit du fondateur, ils en étoient parfaitement les maîtres. C'est ainsi qu'au droit du fondateur, de son mouvement et de sa propre autorité, dès les temps les plus reculés, *Hercules* donna la souveraineté de Sparte *à Tyndare;* que *Salomon* donna vingt villes *à Hyram;* qu'*Agamemnon* en promettoit sept *à Achilles*, que *Darius* par son testament laissa plusieurs villes *à Cyrus* et son Royaume *à Artaxerces;* qu'*Attalus*, *Nicomèdes* et une infinité d'autres souverains en firent de même. Le peuple fut-il jamais partie contractante? Eut-il quelque part dans tous ces contrats? Aucune.

Si c'est du fondateur lui seul qu'ils reçurent la souveraineté? Tant qu'ils n'allèrent pas contre les volontés possitives du fondateur, il est clair que dans tous les temps les souverains durent être les maîtres de traiter, de transiger, de faire des échanges et des arrangemens entr'eux. Aussi le firent-ils. C'est ainsi qu'en france, *le Dauphiné* se trouva réuni à la couronne par donation, *la Champagne, la Brie er la Lorraine* par échange; *la Flandre, la Franche-Comté et les trois Evêchés*, par conquête, *la Provence et la Bretagne* par mariage: et ce qui s'est fait en france, s'est fait *en Espagne, en Italie*, dans tous les états et dans tous les pays. Le peuple intervint-il comme partie contractante dans tous ces arrangemens? Que l'on prononce sans préjugés et d'après le texte seul de l'histoire? Est-ce le peuple de Sparte qui donna la souveraineté *à Tyndare?* Est-ce le peuple d'Israël qui s'arrangea avec le Roi *Hiram?* Est-ce le peuple Breton, n'est-ce pas *Anne de Bretagne* qu'épousa *Louis XII.?* N'est-ce pas cette Princesse qui lui apporta en mariage la souveraineté de cette Province? Dans son premier contrat avec *Charles VIII.*, elle ne consulta pas même ses états, et si elle les convoqua dans le second, ce ne fut pas pour ce qui concernoit ses droits souverains, ce fut pour ce qui intéressoit les droits de son peuple. Par-tout, ce sont des souverains qui disposent de leur souveraineté en maîtres, *auctoriate privatâ*, comme le dit *Grotius*. Le peuple n'y est pour rien : par la raison bien simple, que la souveraineté ne lui a jamais appartenu, et ne lui appartiendra jamais.

Si c'est du fondateur lui seul qu'ils reçurent la souveraineté? Tant qu'ils n'allèrent pas contre les volontés positives du fondateur, il est clair que ce dut être aux souverains à gouverner, à statuer, à décider, à prononcer, à porter de nouvelles lois, à expliquer les anciennes, à compléter les lois fondamentales, à réformer les lois constitutionnelles, à en retrancher ce qu'il y avoit de vicieux, à y ajouter ce qu'il y avoit d'utile. C'est aussi ce qu'ils firent dans tous les temps et dans tous les pays. C'est ainsi qu'en france la couronne qui fut divisée dans un temps fut déclarée indivisible dans un autre. C'est ainsi que les états généraux qui ne consistoient d'abord qu'en deux ordres, furent augmentés d'un troisiéme, quand le tiers-état posséda des propriétés.

Si c'est du fondateur lui seul que les souverains reçurent la souveraineté? Tant qu'ils n'allèrent pas contre les volontés positives du fondateur, il est clair que ce dut être à eux à lever des armées, à pourvoir aux besoins de l'état, à faire la paix ou la guerre, à traiter avec les puissances selon l'urgence des circonstances et selon l'éxigeance des cas. C'est aussi ce qu'ils firent et c'est ce qu'ils font encore dans tous les états et dans tous les pays. Quand, après des guerres ruineuses et opiniâtres, il devient moralement impossible de conserver une ville ou une province, il faut bien se décider à sacrifier une partie pour sauver le tout. Quand il devient même impossible de sauver le tout, il faut bien céder à la force, et laisser à d'autres ce qu'on ne sauroit retenir. Un père, dit *Grotius*, n'est pas tenu de transmettre à ses héritiers ce qu'il a perdu par la fondre ou la tempête. L'impossibilité morale et absolue pour les souverains comme pour les particuliers est la plus forte de toutes les dispenses et la plus impérieuse de toutes les lois.

V. Mais la nature de la dispense manifeste assez toute l'étendue de l'obligation et du devoir. Tant que cet état d'impuissance n'est point arrivé, un souverain ne sauroit ni aliéner ses domaines, ni disposer de sa souveraineté, ni effectuer aucun changement constitutionnel contre les volontés légales de ses prédécesseurs. Et en vain le tenteroit-il! Toutes ses dispositions seroient radicalement nulles, puisqu'il n'y a que la volonté légale du fondateur qui puisse légitimer ses dispositions. *Au droit du fondateur*, le souverain actuel peut très-certainement faire tout ce que feroit le fondateur lui-même. *Son lieutenant et son représentant*, organe absolu de ses volontés, il peut vouloir tout ce qu'i voudroit, ordonner ce qu'il ordonneroit, décréter souverainement tout ce qu'il décréteroit, il est son exécuteur testamentaire. Maintenant tout, *pouvoir*, *autorité*, *domaine* de ses volontés, il ne peut rien que par elles et d'après elles. Autant il est le maître de les suivre, autant il lui est impossible de s'en écarter. Parce qu'il lui est impossible d'empêcher que ses dispositions ne soient postérieures et subordonnées aux siennes. Si la constitution sanctionnée par le fondateur est *héréditaire*, la souveraineté est dévolue malgré lui à ses héritiers. Si la couronne est déclarée indivisible, il faut malgré lui qu'elle reste indivisible. Si la constitution est *Aristocratique*, il faut malgré lui que la souveraineté passe aux Grands. Si la constitution est *Démocratique*, il faut malgré lui que la souveraineté passe sur la tête des députés, et quand ils l'ont, c'est à eux à la conserver, à la défendre: si on la leur enlève, c'est à eux à la réclamer, à la revendiquer, à sacrifier leur vie, s'il le faut, pour la transmettre à leurs successeurs. Parce que le fondateur le veut ainsi, et que ses volontés constitutionnelles sortissent leur effet malgré tous les obstacles et toutes les volontés contraires.

VI. Quand, sous le prétexte d'empêcher l'arbitraire des souverains actuels, on livre aux peuples les lois et les constitutions, qu'on les charge constitutionnellement de les défendre, on les trompe misérablement et l'on constitue le mensonge, la confusion et le chaos. Quand la souveraineté *de Rome* se trouva attaquée dans la personne de ses Rois; qui est-ce qui la défendit? *Ce furent les Rois.* Quand elle fut passée dans les mains du sénat; *Ce fut le sénat.* Quand elle fut passée dans les mains des Empereurs; *ce furent les Empereurs.* Dans les Républiques et les Démocraties elles-mêmes, quand la souveraineté se trouve attaquée, ce sont ceux qui gouvernent, qui lèvent des armées, se battent contre les usurpateurs, et quand les usurpateurs sont les plus forts, ce sont eux qui se battent contre les héritiers légitimes. Dans tous ces débâts le peuple et les armées ne sont que victime ou instrument, jamais ils ne sont ni possesseurs ni propriétaires. Parce que jamais la souveraineté ne sauroit descendre jusqu'à eux. C'est aux souverains qu'elle est léguée, c'est à eux à la défendre: et ce sont eux qui la défendent en effet. Ils en sont chargés, ils y sont intéressés; mais défendre n'est pas livrer: défendre n'est pas aliéner. Si cette souveraineté leur vient du fondateur, s'ils ne règnent qu'en vertu de ses volontés, dans tous leurs actes publics, il faut de toute nécessité qu'ils disent: *nous voulons*, et non pas je veux, *nous ordonnons* et non pas J'ordonne. Par-tout où ils s'écartent des volontés légales et impérieuses du fondateur, ils n'agissent plus souverainement, leurs décisions et leurs dispositions sont abusives. *)

VII. *Il est donc vrai que la loi plane sur la tête des souverains :* qu'ils sont malgré eux soumis à son empire: et quand je dis *la loi*, je ne parle pas seulement de la loi naturelle ou divine, je parle *d'une loi civile*, d'une loi positive faite par les hommes. Mais cette loi n'est faite ni par les peuples ni par les sujets, sans quoi les souverains seroient au-

*) Vaut-il mieux être déchiré par des milliers de monstres qui se disputent entr'eux vos membres palpitans que par un seul? Voilà toute la différence entre le despotisme d'un seul et celui de plusieurs. Par-tout, les passions sont des monstres et par-tout les hommes vivans sont sujets aux passions. Que d'intrigues! Que de cabales! Que de passions en action dans toutes les assemblées! Par-tout où ceux qui gouvernent ne sont point astreints constitutionnellement à suivre la loi primitive et constitutive de chaque pays; par-tout où la vie, la fortune, les propriétés, les lois, les constitutions sont livrées à la volonté des hommes vivans, il y a despotisme; et le despotisme n'est point dans la nature. C'est par l'arrangement même de la nature que les souverains actuels sont soumis aux lois.

dessus d'elle. Cette loi a été faite par le fondateur avant même qu'il y eût des peuples, et c'est d'elle que sont émanées toutes les lois. Quand ils n'en feroient pas le serment, il est certain que les souverains actuels seroient tenus de s'y conformer, qu'ils en contractent rigoureusement l'obligation par l'acceptation de la souveraineté même. Ils ont le pouvoir législatif sans doute, mais subordonné aux décisions de leurs prédécesseurs. Ils sont propriétaires de la souveraineté sans doute, mais ils n'en peuvent disposer que d'après les anciennes lois, et si nous voulions être simples dans tout, nous verrions qu'il en est de même par rapport à nous. Parce que je suis le propriétaire de mon patrimoine, il ne s'ensuit pas que j'en puisse disposer selon mes volontés personnelles; je suis tenu de me conformer aux lois, dans toutes mes dispositions.

VIII. *Il est donc vrai que les souverains actuels ont des maîtres*, dont ils tiennent leur glaive, leur autorité et leurs pouvoirs; et quand je dis des maîtres, je ne parle pas seulement de Dieu, j'entends des maîtres humains, *des maîtres civils*, aux quels ils sont essentiellement subordonnés. Mais ces maîtres, ce ne sont pas leurs peuples, ce ne sont pas leurs sujets, sans quoi ils seroient au-dessus et au-dessous d'eux, ce seroit une absurdité manifeste. Ces maîtres, ce ne sont pas des hommes vivans, susceptibles de toutes les impressions et de toutes les passions, ce ne sont pas des hommes qu'ils puissent intimider par la crainte, corrompre par argent, gagner par promesses, tourner vers leur but par tous les mobiles de la cupidité et de l'intérêt. Ce sont des maîtres dont le corps est détruit, mais dont *l'esprit existe* et dont il n'éxiste que l'esprit ce sont des maîtres qui sont à l'abri de toutes les passions, des maîtres dont les volontés indestructibles sont gravées d'une maniére ineffacable non seulement dans toutes les archives, mais sur la face entiére de la terre par le partage des divers pays. *)

---

*) Dans l'origine tout fut partagé d'après la volonté du fondateur, et tout fut arrangé d'après les partages. Bâtimens, culture, plantations, commerce, édifices publics et particuliers, coutumes, habitudes, essais, maniére de conduire ses gens et ses bestiaux, tout le pays fut monté d'après la maniére de partager. Voilà pourquoi celui qui conserve les loix primitives d'un pays conserve tout: celui qui y touche bouleverse tout. Quand on a rassemblé beaucoup de savans et de gens d'esprit pour rédiger un code de loix, on croit avoir fait la plus belle chose du monde, et par la combinaison de leurs vues, leur travail paroit souvent un chef d'oeuvre de législation.

IX. Il est donc vrai que le despotisme n'est pas dans la nature ; que c'est très certainement l'ouvrage monstreux des passions. Par tout où l'on attribue soit aux peuples, soit aux députés, soit aux souverains actuels le pouvoir terrible de faire et de défaire, de changer à leur grè les loix, les usages, les constitutions; partout où le pouvoir législatif est abandonné constitutionellement à la discrétion des hommes vivans, où l'on voit des assemblées despotiques ou des hommes capricieux prononcer arbitrairement sur la vie, la fortune et les propriétés, soyez sûr qu'il n'y a plus ni loix, ni régle, ni constitution, que *la terre*, selon l'expression energique *de Mr. Bossuet, y est ebranlée dans ses fondemens.* Faits pour le malheur des peuples et des souverains tout ensemble, ces princi-

---

S'ils ont eu l'esprit de suivre le fond des anciennes loix et de se conformer à l'esprit du fondateur de chaque pays, leur travail peut faire du bien sans doute. S'ils n'ont pas suivi l'esprit du fondateur de chaque pays, ce chef d'oeuvre apparent en théorie occasione des désastres affreux dans la pratique. Ce n'est pas d'après des connoissances vagues et spèculatives, c'est d'après l'état et la manière dont est arrangé chaque pays, qu'il faut que le législateur actuel fasse les loix.

pes ruineux ne pourront jamais se trouver légitimés ni par la prescription, ni par la révolution des tems, puisqu'ils sont essentiellement réprouvés par l'esprit du fondateur. Par tout où ils se trouveront introduits dans le corps social, ils y occasionneront des crises convulsives qui le conduiront insensiblement à la dissolution, s'il n'est pas d'une constitution assez vigoureuse pour s'en débarasser auparavant.

X. Si l'ordre civil est l'ouvrage de l'auteur de la nature; dès l'Instant de la création, ce grand ouvrier a dû l'arracher à l'arbitraire: aussi l'a-t-il fait. Biens, fortunes, propriétés, lois, constitutions, il a tout bâti sur le fondateur. C'est à cette volonté éternelle et incorruptible qui ne peut plus être interpretée que pour le bien, qu'il a tout soumis, tout suspendu, tout subordonné. C'est devant elle qu'il a courbé toutes les volontés, toutes les passions, toutes les déliberations des générations suivantes. Malheur à celui qui a la témérité de s'en écarter un instant. C'est l'arche sainte à laquelle il est défendu de toucher sous peine de mort. Quand on y a touché il faut que la génération qui a vu cet attentat périsse toute entiére. Ce n'est ni par la volonté des peuples, ni par la volonté des députés, ni par la volonté des souverains actuels, c'est par la volonté irréfragable du fondateur que les loix, les contrats et les traités se font, que les terres, les villes, les provinces et les Royaumes se trouvent transférés, que les droits passent dans d'autres mains, dans celles même des usurpateurs. C'est par cette volonté suprême que les peuples ont des souverains, que les souverains ont des pouvoirs, qu'ils peuvent ce qu'ils peuvent et qu'ils sont ce qu'ils sont. *)

---

*) Nos novateurs actuels appellent chacune de leurs constitutions *l'arche sainte!* . . . Mais dans l'arche sainte, la majesté qui y résidoit ne venoit pas des hommes, c'étoit une émanation de celle du créateur! Mais *l'arche Ste* fut construite par un seul homme d'après le plan du créateur lui même! Mais une fois construite il fut défendu d'y toucher sous peine de mort! . . . Voit-on dans tout cela un seul des caractéres qui conviennent à leurs constitutions. Selon eux c'est l'ouvrage des peuples, chaque peuple peut y toucher. La majesté qui y réside vient des peuples. On peut la briser, la reconstruire, en changer la forme; ils font constitutions sur constitutions. Le plan, la forme, la souveraineté, tout vient des peuples et tout dépend des peuples. Voilà le sistéme conventionnel. Selon nous, au contraire, la constitution de chaque état est vraiment *l'arche Ste.* La souveraineté qui y réside descend de Dieu lui même. Elle est

XI. Et voilà visiblement ce qui a pérpétué nos erreurs relativement à l'arbre social. C'est que nous nous en sommes tenus à cette extrêmité des branches, qui nous frappe matériellement les yeux. Quand on nous parle de gouvernemens, nous ne pensons qu'a l'universalité des individus, nous croios que ceux qui gouvernent ne peuvent tirer leurs pouvoirs que de cette absurde universalité. Et point du tout. Quelque soit la forme actuelle du gouvernement, c'est *de l'auteur universel* qu'ils le tirent, c'est l'autorité du fondateur qu'ils ont dans les mains; et ils n'ont d'autorité dans les mains que ce que le fondateur a voulu leur transmettre. Ils sont ce que le fondateur les a fait; pas autre cho-

---

faite d'après son plan, c'est une grande famille dont le souverain est le Père. Elle a été faite par un seul homme constitué par Dieu lui méme, c'est le fondateur de chaque pays. Une fois faite ou sanctionnée par le fondateur, il est défendu d'y toucher sous peine de mort. Si lon y touche, il faut que toute la génération périsse avant que la nouvelle soit légitimée. Si toute constitution est *une arche Ste*, comme cela est très vrai: qu'en conclure? C'est qu'aucune constitution conventionelle n'est une constitution; que le sistême des conventions est radicalement faux.

se. Et voila la différence entre le fondateur et les souverains actuels. Le fondateur fut constituant, ses successeurs furent constitués: l'autorité fut naturelle dans l'un; elle n'est que déléguée dans les autres. L'un fut maître absolu, les autres sont maîtres conditionnels. Toutes les loix fondamentales qui sont portées avant eux, même celle de la prescription, les souverains actuels n'en sont pas les maîtres.

---

§. X.

Recapitulation Générale.

I. *Quelle est la source et la nature de l'autorité en général?* . . . Voilà notre premiére question sur les gouvernemens.

Quant à la nature; il est clair que *l'autorité* n'est ni la volonté, ni la force, ni la fortune, ni la puissance, ni la pourpre, ni les talens, ni les ornemens; qu'elle ne consiste en rien de tout cela, puisqu'il est des millions d'hommes qui ont des talens, de la fortune, une volonté, sans cependant avoir la plus petite autorité sur qui que ce soit. *L'autorité*, dans Dieu, comme dans les hommes, ne fut jamais autre chose que *le droit qu'un auteur a sur les êtres qu'il a produits, par cela seul qu'il en est l'auteur.*

Et comment produit-on des nouveaux êtres? C'est *par la création et la génération*: delà la double source des autorités.

Dieu, qui est *l'auteur universel* de tout l'univers, a *par la création*, *autorité universelle* sur tout l'univers: voilà le souverain des souverains, la source suprême de toutes les autorités . . . Après Dieu, *l'auteur universel* de tous les hommes eut, *par la génération*, autorité universelle sur tous les hommes . . . Après lui *l'auteur universel* de chaque branche eut autorité universelle sur sa branche; et il l'eut dès la premiére génération. Aussitôt que ses enfans furent émanés de lui, sa postérité toute entiére en fut phisiquement et substantiellement émanée: il fut dès l'instant même phisiquement et substantiellement *l'auteur universel* de tous ses descendans: ainsi l'autorité universelle existe long tems avant la multiplication des peuples.

II. *Quant à l'ordre civil, ou naquit-il?* Voilà notre seconde question . . . Il naquit nécessairement à l'endroit ou la famille primitive de chaque pays se divisa en plusieurs familles, et l'ordre politique naquit à l'endroit où le premier peuple se sépara en plusieurs peuples. Entre la famille et la cité aucune possibilité de dispersion et d'anarchie. Aussitôt que les enfans de la premiére famille demandérent à se marier, *le Père universel* leur fit les parts comme il le voulut; *delà l'origine des loix civiles.* Quand il y eut des loix, il constitua qui il voulut pour les faire observer; *delà l'origine des constitutions civiles.* Et de ce moment les relations civiles furent établies, sans aucune possibilité de les dissoudre.

III. *N'y eut-il point de variation dans l'origine des scorps civils?* Voilà notre troisiéme question.

Nous avons répondu que cela est impossible. Parce que la forme intérieure a beau varier, la nature ne varie jamais. Grands ou petits, fixes ou errans, barbares ou civilisés, soumis ou rebelles, tous les peuples ont eu *un auteur universel* qui existoit essentiell. ement avant eux. L'origine des grands corps civils et les variations qui sont survenues depuis ne sont pas du tout l'origine des corps civils. C'est là ce qui nous a trompés, mais fort mal à propos. Chez tous les peuples, dans tous les tems et dans tous les pays, *l'autorité universelle* prît la source *dans l'auteur universel.* Par tout, ce fut lui qui fit les parts, qui statua et qui constitua longtems avant qu'il pût y avoir des variations; et quand il survint des variations, ce fut encore lui seul qui put constituer ou destituer par lui ou par ses représentans, parce que l'autorité universelle ne put jamais venir que de lui seul.

IV. *Comment les souverains actuels sont-ils strictement et rigoureusement Pères universels de leurs peuples?* Voila notre quatriéme question.

Ils le sont parce qu'ils sont investis *de l'autorité universelle* du fondateur et que les fondateurs se sont cédés réciproquement leurs droits respectifs.

Et comment cette autorité universelle est-elle descendue sur la tête des souverains actuels? Elle y est descendue par la volonté indestructible de chaque fondateur. C'est elle qui, jusqu'à la consommation des siécles, sera la régle inviolable de toutes les loix, de toutes les constitutions et de toutes les dispositions.

V. Et qui pourroit interrompre le cours de cette volonté suprême dans la transmission des droits souverains? *Seroient-ce les ventes, les échanges, les donations et tous les contrats libres?*

Puis que le fondateur m'a constitué l'organe toujours subsistant de ses volontés, tout ce qu'il m'a laissé le maître de faire, n'est-il pas visible, que c'est lui qui le veut avec moi?

VI. *Seroient-ce les guerres, les conquêtes et tous les traités forcés?*

Mais puisque la guerre est la derniére ressource des souverains, en acceptant la guerre, le fondateur n'eût-il pas été forcé, comme moi, d'en accepter les suites indispensables.

VII. *Seroient-ce les révoltes, les guerres injustes, les violences et les usurpations?*

Ce sont des crimes reprouvés par le fondateur; et des crimes ne produisent pas des droits.

VIII. *Seroit-ce la prescription?*

Mais c'est précisément ce qui devroit dessiller les yeux. Car si l'usurpateur (fût il élu par le peuple) n'a pas la souveraineté jusqu'a l'instant de la prescription, il ne tire donc pas la souveraineté de la volonté du peuple. Jusqu'a ce qu'il soit investi *de l'autorité universelle* du fondateur, il n'a rien: et le peuple ne peut pas lui donner ce qui lui manque. Voila pourquoi, tant que cette irrégularité dure, les usurpateurs s'ont si inquiets; voila pourquoi, ils se donnent tant de soins et de mouvemens, ils exigent tant de promesses et tant de sermens de fidélité et d'obéissance: voila pourquoi ils ont tant d'impatience de voir leur possession definitivement légitimée. Cependant ils sont reconnus des puissances, ils ont les finances et toutes les armées dans les mains . . . Que leur manque-t-il donc? . . . *Des droits*, et ils n'en ont pas: et ils n'en auront que lorsque le fondateur leur en donnera : et il ne leur en donnera que lorsqu'il ne pourra plus les conserver à ses héritiers légitimes

IX. *Actuellement, si on nous demande : qui est ce qui force ainsi les fondateurs eux-mêmes à destituer leurs premiers héritiers?*

Nous répondrons que c'est celui qui gouverne le monde. Maître absolu des maîtres de la terre, c'est lui qui du haut de son trône surveille les fondateurs et tous ceux à qui ils ont laissé leurs descendans à conduire. S'il en apperçoit parmi eux qui secouent les rênes arbitrairement ou qui les tiennent mal, il a soin de les avertir : s'ils ne se corrigent pas, il les menace. S'ils ne l'écoutent pas, il les renverse par l'insurrection même des peuples qu'ils ne savent plus contenir, et les renvoïe s'instruire à l'école du malheur . . . Du même coup dont il frappe les Rois, il châtie les peuples et les corrige par la grande leçon de l'expérience. A peine le souverain légitime est il tombé qu'une foule de factieux s'élancent dans son char, s'arrachent mutuellement les rênes, s'égorgent et se renversent tour à tour, et frappant le peuple à coups redoublés, le poussent impétueusement à travers les précipices et les abîmes. Peuple, malheureux ! . . . En secoüant le joug, il a cru qu'il alloit être libre, et il est esclave ; qu'il alloit être heureux, et il est écrasé ; qu'il alloit être dechargé d'impôts, et on met on requisition jusqu'a la derniére goutte de son sang.

Heureux, si, mettant à profit le tems de la correction, on s'empresse de rentrer dans le devoir. Arbitre absolu des événemens, Dieu sait bien, quand il le veut, renverser les factieux à leur tour et rétablir le gouvernement légitime . . . Mais si, persistant dans l'indocilité, on laisse la prescription s'accomplir, Dieu indigné livre le peuple à ses nouveaux maîtres, les maîtres eux mêmes à leurs extravagantes constitutions : et ordonne au fondateur de sanctionner leur ouvrage. *)

---

*) Les constitutions nouvelles renferment souvent des vices qui les rendent très dangereuses, très désastreuses et pour les peuples, et pour les souverains. Mais quelque vicieuses qu'elles soient, dès que l'instant de la prescription est arrivé, ceux qui sont appellés au gouvernement n'en sont pas moins légitimes et moins inviolables! Les vices ne peuvent pas être légitimés, mais les personnes le sont. Les vices peuvent être réformés dans tous les tems, mais les personnes ne peuvent pas l'être ; parce que, quelque soit la constitution, ceux qu'elle appelle à gouverner se trouvent par la prescription investis des droits du fondateur.

X. C'est alors que l'ancienne puissance est rejetée, que la nouvelle a des droits souverains: et cet instant est facile à saisir. Qu'on voie quelle différence entre une puissance légitimée et une autre qui ne l'est pas. Tant que l'usurpateur n'est pas légitimé il tremble sur son trône, il n'ose s'y asseoir. Il redoute même d'y monter et de prendre le titre de Roi, tant il se sent mobile et chancelant; mais dès que l'instant de la prescription est arrivé; dans l'instant même, le trône s'affermit, celui qui gouverne se sent investi de la souveraineté; une main invisible efface de dessus son front la tache hideuse de l'usurpation: il s'assied paisiblement au rang des puissances ... Qui est ce qui a opéré ce changement? *Le fondateur*, cet homme mort depuis si long tems qui lui a conféré la souveraineté au moment fixé par les loix de l'être suprême.

XI. Parce que Dieu renverse les puissances légitimes par le moyen des usurpateurs, approuve-t-il pour cela le fait de l'usurpation? Il s'en faut beaucoup ... C'est un crime qu'il déteste souverainement quoiqu'il veüille bien le souffrir pour châtier d'autres crimes. C'est ainsi que tous les désordres des causes libres entrent eux mêmes dans le cours de la providence et servent, sans qu'on y pense, à l'exécution de ses justes desseins; mais tous ces désordres n'en sont pas moins des désordres que le vengeur suprême déteste et qu'il punira de la maniére la plus terrible dans la personne des prévaricateurs.

XII. D'après cela quel embarras pourroit-il rester sur la transmission de l'autorité souveraine? *Quand est ce que la République Romaine fut constituée?* Ce fut quand le tems immémorial fut passé. *Quand-est ce que la seconde race fut légitimée en france?* . . . Quand elle fut parvenue paisiblement à la possession séculaire. La troisiéme de même: et il en fut de même de tous les nouveaux gouvernemens . . . Après les guerres, les débats, les troubles ordinaires des révolutions, le repos vient: on arrive à la possession immémoriale prescrite par la nature, la constitution se trouve légitimée... Dès lors ceux qui gouvernent ont les droits souverains. Dans les républiques, comme par tout ailleurs, ce sont très certainement *de hautes puissances.* Si le peuple vouloit les renverser a leur tour, ses tentatives seroient des révoltes, ses entreprises seroient des attentats dignes des plus grands châtimens. Pourquoi cela? Parce que, par la loi de la prescription, ceux qui gouvernent se trouvent a leur tour substitués à tous les droits des anciens souverains.

XIII. C'est ainsi qu'en suivant les loix adoptées généralement par la saine raison, on suivra sans peine le cours des autorités on verra aisement comment les gouvernemens ont changé; quand les Républiques ont pris naissance; dans quel instant les usurpateurs sont devenus souverains, dans quel instant ils ont cessé de l'être pour être remplacés par d'autres à leur tour. D'après la volonté légale des fondateurs, la souveraineté peut se trouver transmise dans d'autres mains de bien des maniéres. Mais dans quelques mains qu'elle passe et de quelque maniére qu'elle se trouve transmise, jamais le droit ne se perd; jamais la souveraineté ne sauroit s'éteindre. Quand elle n'est pas dans les mains de l'usurpateur, elle est encore dans les mains de l'héritier légitime, et quand elle n'est plus dans les mains de l'héritier légitime, elle est dans celles de l'usurpateur. C'est un fleuve dont les eaux tantôt se réunissent, tantôt se divisent; tantôt semblent se perdre sous terre, tantôt rompent leurs digues et changent de lit; tantôt tombent en cascades et se précipitent avec fracas du haut des rochers; tantôt traversent de vastes deserts, tantôt se proménent paisiblement au milieu des campagnes riantes. Mais quelques soient les obstacles, les précipices, les changemens et les révolutions, c'est toujours la même source, ce sont toujours les mêmes eaux. C'est toujours l'autorité paternelle du fondateur qui passe d'un lit à un autre, qui fait la matière des contrats, des traités, des conquêtes et des usurpations mêmes.

XIV. C'est ainsi que *toute puissance vient directement et immédiatement de Dieu lui même.* C'est ainsi que toute espèce de Domaine et d'autorité vient d'en haut: que l'un et l'autre furent conférés au fondateur de chaque cité par le créateur lui même; qu'en vertu de la volonté suprême de ce fondateur, la souveraineté est descendue de souverains en souverains sur la tête de ceux qui gouvernent de nos jours même dans les Républiques ... Comment a-t-on pu quitter une vérité si simple, si naturelle, si conforme à tous les monumens, pour se jeter dans des sistêmes ruineux, impossibles, extravagans; dans un abîme sans fond où tous les gouvernemens ont pensé périr, et sur lequel on ne les verra jamais se replacer sans frayeur.

Je crois que nous nous sommes grièvement trompés sur les souverains, et que nos fausses idées sur *l'autorité* en sont la cause. J'ose espérer que les amis de l'humanité auront égard à mes avertissemens.

Ne s'est-on point aussi trompé sur les peuples? D'après les mêmes idées conventionnelles, ne les a-t on point dépouilles, hachés, mutilés, défigurés encore plus cruellement que les souverains? Car c'est la verité que nous cherchons sans aucune partialité!.. *La formation primitive et la superbe organisation des peuples*, d'après l'histoire, la nature, la raison et tous les monumens de l'univers... Voila ce que nous examinerons dans une trosiéme partie.

PRINCIPES

OU

NOTES EXPLICATIVES.

P. I.

Un Père.

C'est l'auteur de nos jours, celui à qui nous devons tout ce que nous avons et tout ce que nous sommes. On le nomme *Père*, parce que non-seulement il donne la forme à son ouvrage comme un soulpteur à sa statue, mais il engendre, il procrée lui-même : *Pariens.* Il produit son ouvrage tout entier, il le tire pour ainsi dire du néant. Il en est *l'auteur* par excellence. Il n'est point de pouvoir et de droit plus fort. C'est dans ce sens que par dessus tout, nous appelons

Dieu notre père, parce qu'il est le créateur de tout ce qui est et de tout ce qui respire. *Pater noster.*

Une mère est *le coeur* de la famille. C'est le tendre nom que le sentiment lui donne, et c'est celui qui lui convient par la réalité de ses fonctions. Comme le coeur physique, c'est à elle comme à leur centre que viennent aboutir toutes les affections. C'est elle qui reçoit du père le dépot de ses enfans, qui les nourrit, qui les alimente, qui les sustente avant leur naissance, qui les allaite quand ils sont nés. Quelles que soient les fonctions journalières du chef et des divers membres, après leurs travaux, tous reviennent par penchant autour d'elle: c'est elle qui les recueille pour ainsi dite tous ses bras. Otez une mère d'une famille, vous lui arrachez *le coeur*. Le Père va chercher une autre épouse : les enfans vont chercher une autre mère et ils n'en trouvent pas. La mère est le coeur et le lien de la famille sans doute, et si elle est vertueuse, c'est elle qui en fait tout le bonheur.

Mais si la mère est *le coeur* de la famille, le père en est *le chef.* Par son origine et par sa constitution, il est visiblement au-dessus de la femme elle-même. Voila pourquoi en donnant à la mère cet air de douceur qui concilie, la nature a donné au père cet extérieur de majesté qui protège et cet oeil de fierté qui fait fuir les ennemis. Quand il pousse le cri de la guerre, le sang paternel, irrité dans sa source, bouillonne dans toutes les veines, un feu martial s'allume dans le coeur de ses enfans. On marche, on combat, on triomphe sous les ordres du père, et après le combat, on vient déposer aux pieds de la mère les dépouilles des ennemis.

Quand *le père* donne le signal de la marche, tout s'ébranle : où il lui plaît de se fixer, tout s'arrête : et c'est-là *la Patrie.* Quand une mère a laissé la petite famille empiéter sur son autoriré, un regard du père fait tout rentrer dans le devoir. Ce mot de Père renferme toutes les idées de force, de courage, d'équité, de prudence et de toutes les vertus. A ce seul nom de Père, je conçois un chef, un juge, un vengeur, un protecteur. Quand il aura fait les parts à ses enfans, j'y vois d'avance un législateur, un monarque. Il en a par nature *l'autorité*, le domaine, la primauté, tous les droits souverains : il ne lui manque plus qu'un peuple, le sceptre et la couronne qui viendront avec le temps.

Le nom de Père est le plus auguste, le plus respectable, le plus imposant de tous les noms. Tout ce qui nous vient de nos pères, leur nom, leur terre, leur château, leurs meubles, tout ce qui leur a servi, leurs intentions et leurs dernières volontés; tout nous inspire un profond respect, tout nous rappelle des sentimens que le temps peut diminuer, mais dont il est impossible de se défendre. Tous ceux que nos pères constituent pour les remplacer, tous ceux qu'ils ont investis de leur autorité et de leurs pouvoirs portent avec eux un caractère de majesté que l'erreur peut affoiblir, mais qu'elle n'anéantira jamais. Malgré le préjugé destructeur d'une fausse philosophie, quand un fer parricide trancha la tête *de Charles I.* en Angleterre, et celle de l'infortuné *Louis XVI.* en France, tout le corps de la nation frémit. Dans l'instant que le coup fut frappé, tout le peuple sentit qu'on lui tranchoit la tête a lui-même.

La nature nous crie malgré nous que nos Rois ne sont point nos égaux, qu'ils sont *nos pères*, que le forfait qui leur donne la mort est non-seulement *un parricide*, mais le plus détestable de tous les parricides, puisqu'ils réunissent en eux seuls non seulement le domaine, non-seulement l'autorité, mais la plénitude du domaine et de l'autorité universelle d'où sont emanées toutes celles de nos pères, puisqu'en vertu de la volonté des fondateurs, il ne sont pas seulement leurs représentans figuratifs, ils sont réellement investis de toute l'étendue de leurs droits.

On aura beau dire et beau faire, beau s'imbiber de principes faux, en présense du souverain le préjugé se tait, sous les regards du souverain les paupières se baissent par respect; à ce seul nom de souverain, les entrailles sont émues. Au récit de leurs malheurs le coeur s'attendrit, les larmes coulent involontairement des yeux, on sent malgré soi ce qu'on n'éprouvera jamais pour des égaux.

De-là dans l'origine des choses cette vénération des peuples pour leurs premiers Rois qui alla jusqu'à l'idolâtrie. Eussent-ils ainsi adoré, leurs *commis?* De-là dans les sujets ces sentimens invincibles d'amour et de crainte, de soumission et de respect, de confiance, de courage et de dévonement qu'inspire le mot *de souverain*, qui ne se trouveront jamais dans le mot de frère. Quelle est la cause secrète de ces mouvemens invincibles? C'est la présence *de l'autorité paternelle* qui réside réellement et substantiellement en eux et qui y résidera jusqu'à la consommation des siècles. C'est ce droit essentiel d'autorité émané des chefs naturels du genre humain et descendu dans les souverains actuels qui constitue *l'autorité* dans sa nature. C'est lui seul qui distingue un souverain d'un usurpateur, une puissance de celle qui ne l'est pas, une autorité réelle d'une autorité factice. C'est lui seul qui est le ressort du gouvernement qui, une fois placé dans le tambour, communique à toute la machine et au tambour lui-même ce mouvement régulier qui rend les peuples heureux.

Quelle différence y a-t-il entre un souverain légitime et un usurpateur? L'un a *l'autorité paternelle* dans les mains et l'autre ne l'a pas. Quand est-ce que l'usurpateur devient souverain? C'est quand il n'en a pas seulement le nom, qu'il en a la chose; que la prescription est acquise et que par la volonté législative des premiers pères, *l'autorité paternelle* se trouve transportée dans ses mains. Jusque là c'est un tambour vide qui imprime et reçoit tour à tour les mouvemens convulsifs d'une machine déréglée, qui est malgré lui le jouet inconstant de la révolution et de l'anarchie. Tant que l'autorité fut près da sa source, qu'on n'avoit pas encore oublié que les premiers souverains étoient nos pères et que leurs successeurs étoient investis de leur autorité, les peuples furent pénétrés de respect et de vénération pour leurs souverains. Quand est-ce que cette vénération se perdit? Ce fut à mesure que les hommes s'éloignant de leur source oublièrent insensiblement le point d'où ils étoient partis. Dès que l'opinion fut pervertie, le respect s'évanouit et les gouvernemens furent sans consistance.

Retournons à la nature. Cessons de regarder nos souverains comme *nos représentans et nos commis*, ils ne le furent jamais. Tous ceux qui gouvernent dans quelque gouvernement que l'on suppose, *Monarchique*, *Aristocratique*, *Démocratique*, *mixte*, *électif ou héréditaire*, ne sont point les représentans et les images du peuple, comme on l'a prétendu faussement; au flambeau seul de la raison, ils sont *les images et les représentans des chefs naturels*. Et non-seulement ils sont leurs représentans figuratifs, constitués d'après leur modèle, mais ils sont leurs représentans en réalité, investis réellement et substantiellement de leurs droits paternels. Tous nos souverains *sont nos pères*: ils ont des droits réels à notre amour, à notre soumission et à notre obéissance, parce que *la plénitude de l'autorité paternelle* est réellement et substantiellement descendue dans leurs mains. Voila ce que nous crie la voix de la nature: c'est cette grande vérité qu'il faut rétablir.

P. II.

La Patrie.

C'est dans sa signification propre le pays de nos pères, le terres et les biens qu'ils nous ont transmis par leurs soins et leurs travaux, le lieu où résident nos pères, nos mères, nos frères et conséquemment tout ce que nous avons de plus cher au monde. Voila pourquoi ce nom de patrie fut toujours si doux. A ce seul souvenir les larmes coulèrent des yeux dans tous les temps. Ce mot *Patrie* dérive aussi essentiellement de *Pater* que le mot *autorité* dérive *d'Autor*. Il vient du mot *Père* et non pas du mot *frère*. C'est un pays où nous avons *un père* qui nous est commun à tous. C'est dans ce sens que les hommes appellent le ciel leur patrie, parce que c'est dans le ciel que réside leur père et leur auteur commun à tous. C'est dans ce sens que le gouvernement où nous sommes nés s'appelle *Patrie*, parce que ceux qui y gouvernent sont les représentans de notre père commun à tous. C'est dans ce sens que le lieu où des frères ont été élevés s'appelle en dernier lieu leur patrie, parce que c'est-là qu'ils ont eu un père commun à tous. Enfin c'est dans ce sens que le bien que des frères partagent s'appelle *Patrimoine*, parce qu'il leur vient d'un père qui leur étoit commun à tous.

Si l'autorité qui nous gouverne dérive *d'autor*, si le souverain qui est à notre tête est le représentant de notre chef universel à tous, s'il est investi de ses droits et de ses pouvoirs paternels, dès-lors sous quelque gouvernement que nous soyons, nous sommes tous frères, notre chef suprême est notre père et tout le pays qu'il gouverne est *notre patrie*. Dès-lors le mot de patrie pris dans son vrai sens suffit lui seul pour faire brûler dans tous les coeurs le feu sacré de toutes les vertus. Si le souverain se regarde comme le père universel de son peuple, ou comme celui qui le représente, cette idée seule lui rappelle tous ses droits: investi de l'autorité paternelle, il a droit d'exiger d'eux tous l'amour, la soumission, le respect, le sacrifice même de leur vie et de tout ce qu'ils ont de plus cher: mais cette même idée lui met en même temps devant les yeux tous ses devoirs. Dès-qu'ils sont ses enfans, il doit les aimer, les protéger, les défendre, verser, s'il le faut, jusqu'à la dernière goutte de song sang pour eux. Voilà ses obligations.

Si les sujets voient dans le souverain l'autorité de leur père universel, cette idée seule leur rappelle effectivement tous leurs droits. Ils ont droit à ses soins, à sa surveillance, à sa protection et à son amour. Mais aussi cette idée leur rappelle toutes leurs obligations, l'amour, la soumission, le respect, l'obéissance, l'obligation de marcher à l'ennemi sous ses ordres, de verser pour lui jusqu'à la dernière goutte de leur sang: voilà toutes les idées que rappelle le mot *de patrie* pris dans son vrai sens, voilà tous les sentimens qu'il inspire et toutes les vertus qu'il fait naître.

Aussi chez les Romains qui voyoient dans leur sénat une assemblée de pères investis de l'autorité suprême *de Romulus* et de leurs premiers Rois, ce nom de *Patrie* avoit la plus grande force et faisoit faire et aux chefs et aux soldats des actes de bravoure qui feront l'admiration de tous les siècles. Et ce mot de *Patrie* aura la même force par-tout où le souverain sera regardé comme le représentant du chef universel.

Mais si la source des autorités se trouve déplacée, si dans l'opinion publique, (fausse, si vous le voulez, mais enfin généralement adoptée) ceux qui nous gouvernent ne sont plus que *nos frères*, nos égaux, ou si vous le voulez, les commis et les représentans de nos égaux, si, par la perversité de l'opinion, ils ne se trouvent plus à nos yeux investis que de l'autorité de nos frères, dès-lors où est *la patrie?* Que devient ce mot sacré et toutes les idées sublimes qu'il renferme? Quelle autorité un frère a-t-il sur ses frères? Que lui doivent-ils? L'amitié et voilà tout. Encore faut-il pour trouver les relations de la fraternité remonter à un Père universel, sans quoi les liens de la fraternité universelle sont nuls et brisés à chaque pas.

A quel titre exigerai-je qu'un frère, qui dans le fait n'est pas mon frère, se sacrifie pour moi, qu'il verse son sang pour me conserver la vie? Est-ce lui qui me l'a donnée? Un auteur s'intéresse naturellement à son ouvrage; un père s'intéresse à ses enfans comme à lui-même parce que chaque enfant est un second lui-même, que c'est son sang qui coule dans leurs veines. Mais un frère n'a pas le même intérêt. De quel droit de son côté, ce souverain, s'il n'est que mon frère, exigera-t-il que je me sacrifie, que je verse pour lui jusqu'à la dernière goute de mon sang? Est-ce lui qui me l'a donné? Lui suis-je redevable de la vie? De quel droit exigera-t-il de moi le respect, la soumission et la subordination? Est-ce que des égaux doivent la subordination à leurs égaux?

D'après cette idée, absurde sans doute, le gouvernement n'est plus qu'une aggrégation d'êtres étrangers les uns aux autres qui s'allient par passion, qui n'ont d'autre lien social que l'intérêt, d'autre autorité que la force. Si sous un pareil gouvernement le terme imposteur *de fraternité* fait naître quelques actions d'éclat, ce n'est que la fougue du délire, le coup de fouet de la terreur, l'aiguillon de l'intérêt: ce mobile ne peut avoir aucune solidité. Il naît, il change, il se détruit avec la passion qui le fait éclore. Si dans une pareille société ce mot de *Patrie* réveille encore des idées heureuses, c'est parce qu'il est impossible d'étouffer tout-à-fait la nature, qu'elle se fait sentir malgré la violence des préjugés et la perversité des opinions et qu'elle nous crie que nos souverains sont nos pères et non pas nos frères, qu'ils sont investis de l'autorité de nos chefs et non pas les commis de nos égaux.

C'est ainsi que dès qu'on s'écarte de la vérité dans un seul point, on s'en écarte dans tous les autres, parce que tous les principes se tiennent et sont enchaînés entr'eux. C'est ainsi que la fausse philosophie, en changeant de place la source de l'autorité, a changé toutes les idées, détruit l'amour de la patrie, desséché la racine de toutes les vertus civiles et morales dans le fond des coeurs. Le pays où habitent des frères et des égaux qui ne reconnoissent point de père commun doit s'appeller *fratrie* et non pas *patrie*, ou plutôt le mot de fratrie lui-même est une absurdité et une imposture; puisqu'où il n'y a point de père commun, il ne sauroit y avoir de fraternité universelle.

Encore une fois je n'ai point le temps de développer, de châtier et de retravailler des principes aussi importans. Je les écris en bloc et tels qu'ils me viennent. Je ne doute pas que ceux qui auront plus de temps et plus de talens que moi ne les fassent valoir dans toute leur force et toute leur étendue pour le bonheur des peuples. Concluons.

Si, comme nous le soutenons, les souverains qui nous gouvernent, sont les représentans de nos pères, s'ils sont investis de leur autorité, le gouvernement où nous sommes est *notre Patrie*, nous avons un père et nous sommes tous frères. Si, par impossible, ceux qui nous gouvernent étoient les représentans d'hommes égaux, si c'étoient des souverains de convention; *il n'y a plus de Patrie* . . . Toutes les idées sublimes que ce mot inspire ne sont plus qu'une vaine fumée qui s'envanouit dans les airs . . .

P. III.

Les Patriarches. *)

C'étoient les premiers Pères et tous ces chefs vénérables qui gouvernoient leur famille sous la direction du tout-puissant. Tous ceux qui abandonnèrent le tout-puissant, tels que les *Nemrod*, *les Mézraïm* et tous les premiers chefs des nations en général, prirent le titre de Rois pendant leur vie et furent presque tous honorés comme des Dieux après leur mort. Pourquoi cela? Précisément par la raison qu'ils avoient abandonné le tout-puissant. Dès qu'ils ne vouloient plus être gouvernés par le tout-puissant, il fallut bien qu'ils gouvernassent eux-

*) Cette répetition de ce qui a déjà été dit sur ces chefs primitifs en est en même tems l'extrait et le résumé. Tout ce qui a rapport au mot *Père* et conséquemment *à l'autorité*, termine avantageusement cette partie, puisque c'en est pour ainsi dire le fonds, la substance les derniers résultats, ce qui doit rester profondément gravé dans les esprits, si l'on veut revenir solidement à la vérité sur tout ce qui concerne les gouvernemens.

mêmes. Quand leurs descendans les interrogèrent, quand on leur demanda ce qu'il falloit faire dans le spirituel comme dans le civil, il fallut bien qu'ils répondissent, qu'ils prescrivissent un culte et des lois. Et comme il n'y a que Dieu seul qui puisse donner des ordres en fait de Religion, quand ils furent morts, on les adora comme des dieux.

On cherche bien loin l'origine de l'idolâtrie, elle prend sa source dans l'esprit d'indépendance. On est surpris de la voir paroître dès l'origine du monde; cela n'est pas étonnant. Dès l'origine, l'homme trouva pénible le joug qui lui étoit imposé par le tout-puissant. Toujours il voulut le secouer. Toujours il fut impossible qu'il s'en débarrassât. Dès qu'on ne veut plus le recevoir de la main de Dieu, il faut le recevoir de la main des hommes. Dès qu'on méconnoît la cause première il faut aller se prosterner aux pieds des causes secondes, et dès qu'on rejette le vrai Dieu, il faut adorer des dieux faux. La marche est indispensable. Voilà pourquoi toutes les familles qui ne voulurent plus suivre la loi de Dieu tombèrent dès l'origine sous le joug des hommes: l'Ecriture cesse de les appeler les enfans de Dieu: elle les appelle *les enfans des hommes*. Dès l'instant qu'ils ne voulurent plus avoir Dieu pour Roi, ils furent régis et gouvernés immédiatement par des hommes. Dès l'instant qu'ils cessèrent d'adorer Dieu, ils adorèrent de toute nécessité des hommes, des créatures, jusqu'à des oignons, ils tombèrent dans l'aveuglement le plus déplorable; et cela en un instant. Encore une fois, il n'y a pas de milieu, *Dieu ou les hommes; la créature ou le créateur*. Dans le spirituel, comme dans le civil, il faut de toute nécessité quelqu'un qui gouverne. Il est aussi impossible que l'homme soit sans gouvernement qu'il est impossible qu'il soit sans passions.

Tous ceux au contraire qui restèrent dociles à la voix du tout-puissant, tels qu'*Adam*, *Noé*, *Abraham*, *Jacob* et autres, Dieu prit soin de les conduire, de les gouverner et de les reprendre. Leurs enfans s'appellèrent *les enfans de Dieu*, *le peuple de Dieu*, parce qu'ils étoient régis par Dieu même. Malgré leurs fautes, quand ils revenoient à lui, Dieu ne les abandonnoit pas. Fidelle et inviolablement attaché à ceux qui lui restoient fidelles, dans le spirituel comme dans le civil, c'étoit lui qui leur donnoit ses ordres, qui les dirigeoit et veilloit sur eux, et ces ordres, il les rédigea en corps de loi sous *Moyse*.

Heureux de recevoir immédiatement la loi du tout-puissant et de marcher respectueusement en sa présence, Pères et pontifes en même temps, les chefs augustes de ces familles ne prirent point le titre de Rois et de législateurs, et ils ne l'étoient pas en effet. C'étoit Dieu seul qui étoit leur législateur et leur maître. S'honorant d'avoir un pareil souverain, ils se contentèrent du titre *de Patriarches* et de chefs de famille. Voilà pourquoi, parmi le peuple fidelle, on voit si tard *le nom de Rois;* et encore ces Rois, n'étoient pas proprement des Rois, puis qu'ils n'étoient pas législateurs.

Parce que ces patriarches vénérables gouvernoient en sous ordre, s'ensuit-il que leur autorité ne s'étendoit pas au-delà de l'enceinte de leurs maisons? C'est une méprise: ils étoient ministres de Dieu non-seulement sur une maison, mais sur toutes les maisons; ils n'étoient pas de simples pères. Toutes les fois qu'il s'agissoit d'intimer les ordres de Dieu, ils étoient Pères suprêmes, Pères de tous les pères subalternes qu'ils avoient engendrés: *potres patrum.* Leur titre de *Patriarches* le dit assez. Ce n'étoit pas à chaque père, c'étoit à ces Patriarches que Dieu se révéloit, c'étoit par eux qu'il donnoit ses ordres à tous ceux de leurs enfans qui vouloient lui rester fidelles. C'étoit par eux que Dieu bénissoit et réprouvoit, qu'il jugeoit et qu'il gouvernoit la grande famille toute entière. Qu'on examine *Noé, Abraham, Jacob;* sans porter le titre de Rois, puisque Dieu seul les régissoit, ils étoient sous les ordres de Dieu de véritables souverains, ou du moins de véritables Princes quand ils habitoient dans des pays où il y avoit déjà des Rois. *)

Parce qu'au-contraire les chefs des nations portèrent sur le champ le titre de Rois, s'ensuit-il qu'ils n'étoient pas *Pères*, qu'ils ne gouvernoient pas leurs sujets en vertu de leur autorité paternelle? C'est une autre méprise. Qu'on lise toutes les histoires sacrées et profanes, on vera que les *Nemrod*, les *Mézraïm*, tous les premiers fondateurs des Grecs et des autres peuples étoient les pères. et les chefs naturels de ces peuples. Pourquoi donc portoient-ils le titre de Rois, tandis que les Patriarches ne le portoient pas? Parce qu'ils ne suivoient plus la loi de Dieu et qu'ils faisoient la loi par eux-mêmes; parce qu'ils étoient législateurs de leurs descendans et que les Patriarches ne l'étoient pas. Voilà d'où vient la différence du nom. Mais cette autorité en vertu de laquelle les Patriarches intimoient la loi de Dieu à leurs

---

*) En Grec, comme on le fait, *Archa* veut dire primus. *Patriarcha* veut dire primus pater ou primus patrum. C'est conséquemment *le Père commun* dont parlent tous les bons auteurs, et *le Père universel* dont nous parlons qui gouvernoit les premières familles de chaque peuple.

descendans, cette autorité en vertu de laquelle les chefs des nations faisoient la loi aux leurs étoit-elle différente dans sa nature? N'étoit-ce pas toujours *l'autorité paternelle?* Cette autorité en vertu de laquelle ces chefs gouvernoient, d'où leur venoit-elle? *De Dieu ou des hommes? De la nature ou des conventions?* Voilà la question: et il me semble que les livres sacrés prononcent encore plus formellement que les livres profanes en notre faveur.

P. IV.

Ce qu'en dit l'ancien Testament.

J'ouvre l'ancien testament; j'en parcours tous les livres d'un bout à l'autre. Je n'y vois pas une seule trace de conventions et d'assemblées populaires. Je remonte à la Génèse, j'interroge l'auteur sacré qui nous a développé avec tant de clarté et de précision l'origine du monde. Je lui demande si, pour arranger l'ordre social, le tout-puissant a appelé à son conseil les peuples et les nations qui n'existoient pas encore. Il me montre, avant l'existence même des peuples, le grand ouvrier arrangeant lui-même son ouvrage.

créant l'autorité, en façonnant les canaux, en préparant les réservoirs. Sous le pinceau de ce peintre sublime, je vois le chef de l'univers sortir tout formé des mains de Dieu lui-même, constitué en autorité en vertu de la création elle seule. Je vois ensuite sortir de lui les patriarches, les Rois et les fondateurs des peuples en vertu de la génération, sans convention et sans assemblée.

J'examine si tous ces chefs vont assembler leurs descendans pour leur demander permission de les gouverner. Par-tout je vois les patriarches gouverner en maîtres avant même d'avoir des enfans. Quand ils ont des enfans mariés, je les vois faisant les partages, intimant des ordres comme chefs suprêmes en vertu de leur autorité paternelle, recevant immédiatement les ordres du tout-puissant; jamais je ne les vois recevoir en rien la mission de leur famille. Au lit de la mort, lorsqu'ils partagent et subordonnent leurs enfans pour les siècles futurs, je les vois, dirigés par l'inspiration de Dieu seul, arranger leurs descendans en maîtres, placer les derniers avant les premiers, assigner non-seulement aux chefs fidelles, mais aux chefs et aux Rois des nations qui doivent descendre d'eux, la portion d'autorité qu'ils doivent avoir, et cela sans conventions et sans assemblées, en vertu de leur autorité paternelle. Je vois ensuite ces chefs et ces rois juger à mort, se placer à la tête des tribus et des nations, sans conventions et sans assemblées, en vertu de leur autorité paternelle. Voilà pour la mission ordinaire. C'est Dieu qui la donne immédiatement aux Pères : ce sont les pères qui donnent ensuite la mission aux enfans.

S'agit-il des missions extraordinaires: Dieu veut-il constituer extraordinairement sur son peuple un chef qui parle de sa part en maître à toutes les tribus *d'Israël*, à tous leurs princes et *à Phaaron* lui-même? Il n'assemble pas le peuple d'Israël pour donner la mission *à Moïse:* Moïse ne consulte pas le peuple d'Israël pour donner la mission *à Aaron* et à ses enfans. Quand il est question de constituer *Josué* à la place de Moïse, de donner à son peuple des Juges ou des Rois, par qui Dieu leur parle-t-il? Est-ce par le peuple? N'est ce pas lui seul qui donne la mission à ses Prophètes, qui constitue immédiatement ses représentans? Et quand ses premiers représentans sont constitués, ne sont-ce pas eux qui imposent les mains à leurs successeurs, qui leur communiquent immédiatement l'autorité qu'ils avoient reçue de Dieu lui-même? Où voit-on dans tout cela l'influence du peuple? Où aperçoit-on dans tout cela une seule de ces assemblées primitives où l'on prétend que les peuples se sont donné leurs premiers souverains? Où trouve-t-on dans tout cela le fondement de cette opinion subversive qui a bouleversé le monde? Qu'on lise tout l'ancien Testament d'un bout à l'autre; par-tout, dans l'ordre ordinaire comme dans l'ordre extraordinaire, soit par génération, soit par mission, c'est Dieu lui-même qui constitue immédiatement les premiers chefs, et ce sont les premiers chefs qui constituent immédiatement leurs successeurs. D'après l'ancien Testament, dans le spirituel comme dans le civil, il est visible *que toute puissance vient immédiatement de Dieu par les Pères.*

P. V.

Le Nouveau Testament.

J'ouvre le nouveau Testament: j'y cherche aussi quelque révélation des prétendues conventions populaires, je n'y en trouve pas. J'interroge l'un après l'autre tous les auteurs sacrés qui y parlent. Je leur demande si les puissances viennent réellement des peuples: ils me répondent rigoureusement et sans détour: *que toute puissance vient de Dieu;* qu'il n'en est pas une seule qui ne vienne de Dieu; que toute puissance même ne vient que de Dieu : *non est potestas nisi a Deo.* Je leur demande au moins si l'arrangement physique et matériel des puissances ne seroit point l'ouvrage des peuples? . . . Comme s'ils eussent voulu prévenir d'avance toutes difficultés, ils répondent clairement *que non;* que c'est Dieu lui-même qui les a personnellement constituées, que cet arrangement physique et materiel est l'arrangement de Dieu lui-même: *qui resistit potestati, Dei ordinationi resistit.* Mais est-ce bien des puissances civiles dont-ils parlent? Ils parlent expressément des Rois, des Ducs, des Préposés quelconques, *Regibus*, *Ducibus*, *Prepositis.*

Je sais très-bien qu'il n'est rien de si clair et de si sacré qu'on ne puisse ramener forcément à son sens par des tortures et des subtilités. Je sais très-bien que, selon les adversaires, les Apôtres ont voulu dire *que toute puissance vient de Dieu par les peuples.*

Les peuples ont-ils jamais pu être l'instrument de Dieu dans l'installation même matérielle des puissances? C'est ce dont nous avons démontré l'impossibilité dans la question précédente et dans le contrat social. Ainsi cette explication est radicalement ruineuse. Mais quand l'impossibilité n'en seroit pas irrévocablement démontrée, il est visible qu'elle répugne au premier bon sens, et qu'elle renverse de fond en comble la doctrine sublime des Apôtres. J'en appelle ici à l'esprit droit et impartial.

De là part de qui parlent les Apôtres dans les textes dont il s'agit? De la part de Dieu. A qui parlent-ils? Aux peuples, aux sujets, à tous les inférieurs en général. Que leur prêchent-ils? La nécessité d'obéir et de rester soumis. *Obedite.* A qui? A leurs supérieurs, même les plus durs: *etiam dyscolis.* Sur quoi fondent-ils cette nécessité et ce devoir impérieux? Sur cette maxime importante: que leurs supérieurs non-seulement tiennent leurs pouvoirs de Dieu, mais qu'ils ne les tiennent que de Dieu. *Non est potestas nisì a Deo.*

C'est un père qui installant un précepteur sur ses enfans leur dit en termes formels: obéissez à votre précepteur; car il ne tient ses pouvoirs que de moi. C'est un souverain qui installant un général à la tête d'une armée dit aux soldats: obéissez à votre général, car c'est de moi qu'il tient ses pouvoirs . . . Si quelqu'un subtilisant sur les termes de cette installation venoit dire aux enfans: savez-vous ce qu'a entendu votre père quand il vous a dit que votre précepteur venoit de lui? Il a entendu qu'il vient de vous; et aux soldats: savez-vous ce que l'on a entendu quand on vous a dit que votre général ne tenoit ses pouvoirs que du souverain? On a entendu qu'il les tenoit de vous. Quel bouleversement dans les idées des enfans et des soldats!

Et quand on vient dire aux peuples et à tous les inférieurs en général: savez-vous ce qu'ont entendu les apôtres quand ils vous ont dit que toute puissance ne vient que de Dieu? Ils ont entendu qu'elle vient de vous; et quand ils vous ont dit que toute puissance étoit arrangée par Dieu, savez-vous ce qu'ils ont entendu? Ils ont entendu qu'elles ont été arrangées par vous. Pourra-t-on jamais donner à la doctrine des apôtres une interprétation plus absurde, plus dangereuse, plus propre à renverser de fond en comble la subordination qu'ils veulent établir?

„ Quand *S. Pierre*, *S. Paul*, *S. Irénée* „ disent que toute puissance vient de Dieu, „ dit le savant auteur du Journal de Trévoux, *le P. Berthier*, ils n'entendent pas „ par-là que ceux qui gouvernent tiennent „ leur souveraineté des peuples, ils entendent „ au contraire par-là qu'ils ne la tiennent „ pas d'eux. " Voilà très-visiblement le sens naturel qui se présente à l'esprit, quand on n'a pas besoin de recourir à des explications forcées, et l'on n'a pas besoin de ces explications forcées quand on fait, comme nous le faisons, dériver immédiatement de Dieu lui même l'établissement et l'arrangement des puissances.

P. VI.

L'Ecriture entière est-elle pour nous?

Pourquoi les meilleurs auteurs ont-ils abandonné le sens naturel des Ecritures pour se jeter dans des interprétations si contraires au bon sens. C'est qu'entraînés par le torrent, ils n'ont pas connu la source des autorités, ils l'ont crue placée dans les peuples. Mais qu'on la place avec nous dans le chef universel de chaque peuple, dès-lors tous les livres sacrés s'entendent sans effort.

S'il est vrai que la puissance des souverains actuels dérive essentiellement *de l'auteur universel* de chaque cité; dès-lors il est clair comme le jour, que toute-puissance vient de Dieu; qu'il n'en est point qui ne vienne de Dieu, que les puissances ne sauroient venir que de Dieu, puisque le chef naturel de chaque nation est l'ouvrage immédiat de Dieu lui-même. *Non est potestas nisì á Deo.* Il est clair comme le jour que ce chef universel ne vient pas des peuples, puis qu'il existoit avant eux; il est clair comme le jour qu'il a été constitué par Dieu lui-même, que les peuples ont été subordonnés par Dieu lui-même, que cet arrangement civil est l'arrangement de Dieu lui même, que celui qui *y* résiste, résiste à l'arrangement de Dieu lui-même. *Qui résistit potestati, Dei ordinationi resistit.*

S'il est vrai que le chef universel de chaque cité a été constitué par Dieu lui même, il s'ensuit que les peuples ne lui ont pas été subordonnés volontairement et par convention, qu'ils l'ont été volontairement, par nécessité et malgré eux. *Necessitate subditi:* non pas parce qu'ils l'ont bien voulu et qu'ils y ont consenti librement, mais parce que Dieu l'a voulu ainsi pour la stabilité de l'ordre social. *Quia sic est voluntas Dei.* Il s'ensuit que tous ceux qui résistent à ce superbe arrangement résistent à Dieu lui-même; qu'il leur demandera compte de leur coupable rebellion et qu'il les punira de la manière la plus terrible s'ils ne se hâtent pas de rentrer dans le devoir. *Qui autem resistunt, ipsi sibi damnationem acquirunt.*

S'il est vrai que *l'auteur universel* de chaque nation vient de Dieu lui-même, il s'ensuit qu'il n'est pas le ministre de la nation. Il est le ministre et le représentant de Dieu lui-même, investi de son autorité en vertu de la génération elle seule: *Dei minister est:* il s'ensuit que nous sommes tenus de lui rester fidelles, non-seulement par crainte et quand il est le plus fort, mais en conscience, par obligation et par devoir, fût-il malheureux, opprimé et plus foible que nous: *non solùm propter iram, sed propter conscientiam.* Il s'ensuit que si nos maitres sont durs et fâcheux, s'ils abusent de leurs pouvoirs, ils en seront comptables à Dieu et ils en rendront un compte bien terrible sans doute; mais il s'ensuit que quelque durs et fâcheux qu'ils soient, nous sommes tenus de leur obéir et de leur rester soumis parce qu'ils sont préposés sur nous, sans nous et malgré nous. *Obedite praepositis vestris etiam dyscolis.*

S'il est vrai que *l'auteur universel* de chaque nation vient de Dieu, il s'ensuit que l'ordre social n'est pas d'institution humaine; que c'est l'ouvrage et l'institution immédiate de Dieu lui-même; il s'ensuit que toute autorité soit civile soit spirituelle est une véritable paternité qui dérive immédiatement du créateur et du Père suprême de tous les hommes. Il s'ensuit que tous ceux qui sont constitués en autorité sur nous sont investis d'une véritable paternité: que ce sont très-réellement nos pères et nos mères, que c'est sous ce titre que nous sommes tenus de les honorer, et c'est effectivement sous ce titre auguste que Dieu veut que nous les honorions: *Père et mère honoreras:* il s'ensuit qu'ils ne sont pas seulement nos pères et nos mères de nom, mais d'effet et en réalité, puisque tous ceux qui sont investis de quelque autorité soit dans le civil soit dans le spirituel ne peuvent avoir d'autre autorité que l'autorité paternelle, qu'il n'y en aura jamais d'autre ni sur la terre, ni dans le ciel : *ex quo, omnis paternitas in coelo et in terra nominatur.*

S'il est vrai que *l'auteur universel* de chaque nation vient de Dieu lui-même, il s'ensuit que les peuples n'ont jamais ni créé, ni conféré les autorités, qu'ils ne sauroient ni constituer, ni destituer, qu'il leur est impossible de changer ni les lois ni les constitutions. Il s'ensuit que Dieu seul est l'arbitre et le maître des puissances. Placé au-dessus de toutes les révolutions, il se rit de tous les soulèvemens des peuples. Du haut de son trône inaccessible, il menace ceux qui toucheront à ses oints. Quand on ose y toucher, il saisit les coupables et les écrase contre terre. Ceux qui osent les aider, il les livre à l'agitation, il les laisse s'épuiser dans le délire de leurs convulsions sans qu'ils puissent jamais se débarasser du joug. En vain renverse-t-on les trônes, il faut promptement en relever d'autres. En vain égorge-t-on ses souverains, il en faut promptement de nouveaux. En vain veut-on renverser la loi du fondateur, ses lois sont indestructibles En vain veut-on parvenir à l'indépendance, Dieu force, la verge à la main, de rester soumis. L'indépendance est impossible.

Enfin s'il est vrai que l'auteur universel de chaque nation vient de Dieu, c'est par Dieu que les Rois règnent, que toutes les puissances gouvernent, que les législateurs portent des lois justes. *Per me Reges regnant et legum conditores justa decernunt.* Sous quelque forme de gouvernement que l'on vive, c'est de l'autorité de Dieu même que les souverains sont investis ; si l'on manque aux puissances, c'est à Dieu même que l'on manque. C'est lui-même qui dès l'origine a subordonné les peuples à leurs souverains: *qui subdit populum meum sub me.*

Voilà la doctrine sublime qu'on lit dans les livres sacrés: je demande si ce n'est pas la nôtre. Non-seulement les faits, la nature, l'histoire et la raison, mais tous les monumens, tous les livres, tous les auteurs sacrés et profanes sont parfaitement d'accord avec nous.

P. VII.

Conciliation générale des auteurs.

1. *La famille*, 2. *La cité*, 3. *Le Royaume.* Voilà donc les trois époques qu'il ne faut jamais perdre de vue, sans quoi il seroit im-

possible de bien entendre tout ce qu'on a écrit sur la formation des gouvernemens.

Aussi ôt que la famille primitive d'une nation quelconque eut produit plusieurs familles, *la cité* naquit essentiellement de cette multiplication, et l'autorité naturelle du fondateur devint par cela même *une autorité civile.* Dans cette premiere création qui précéda de plusieurs siecles la formation définitive des grands peuples, il est incontestable que les peuples ne purent y être pour rien, que leur intervention fut physiquement et radicalement impossible, puisqu'ils n'éxistoient pas alors. Voilà ce qui a été prouvé complettement dans la question sur les corps civils par tous les genres de preuves possibles et *par la confrontation générale des auteurs.*

Il ne s'agit donc plus ici *de cette premiére création*, mais des changemens ou accroissemens qui sont survenus depuis. Long tems après cette premiére création ; long tems après que la cité primitive fut formée ; long tems après qu'elle se fut divisée en plusieurs branches ; long tems après que tout le pays se trouva couvert de bourgades, de petites cités et de petits peuples indépendans les uns des autres; quand tous ces petits peuples qui se multiplioient de plus en plus, fatigués de se battre ensemble pensérent à se réunir, il vint enfin une époque où, de gré ou de force, il se forma de grands Royaumes et de vastes états de la réunion de toutes ces petites cités. C'est à cette époque que les adversaires prétendent que les peuples se donnérent des gouvernemens, et qu'ils ont continué de s'en donner. Les bons auteurs ne contestent ni cette grande formation ni l'influence que purent y avoir les peuples. Nous ne la contestons pas nous mêmes. On est parfaitement d'accord sur le fait. Il n'est plus question que de savoir ce qu'on entend de part et d'autre par le mot *peuple*, et ce que *le peuple* étoit nécessairement à cette époque par l'arrangement indispensable de la nature.

Ouvrons dabord le cinquiéme avertissement *de Mr. Bossuet* chap. 49. où il est question de cette grande formation. Avant d'y procéder quel est le peuple que l'on suppose? C'est, comme le dit fort bien *Mr. Bossuet*, *un rassemblement considérable*, *un grand amas de monde*, *une multitude confuse.* Ce n'est plus là ni une simple famille, ni une cité naissante, c'est un peuple nombreux qui se multiplie depuis long tems, puis qu'en rassemblant tout ce qui se trouve dans le pays on a dequoi former de grands états... Cela posé, il faut maintenant s'entendre : car de deux choses l'une. Ou ce peuple nombreux, qu'on suppose ainsi rassemblé, se trouve composé d'individus *sans Pères*, *sans mères*, *sans chefs*, *sans autorités*, *parfaitement égaux en droits*, comme l'entendent les adversaires . . . Et alors, dans cette supposition absurde, nous allons plus loin que *Mr. Bossuet* luimême. Nous disons que, non seulement il n'y a encore ni peuple, ni souveraineté, ni gouvernement, mais nous disons qu'il est impossible d'en former aucun. Car s'il n'y a point *de Pères*, il n'y a encore personne qui ait *autorité*, personne qui ait droit de gouverner par droit de nature. Mais s'il n'y a encore personne qui ait le droit de gouverner par droit de nature, il n'y a personne qui puisse céder ce droit, personne qui puisse contribuer à la formation *du l'autorité souveraine.* De quoi la formeroit-on? Ce ne pourroit être que des autorités particulieres, et dans cette hipothêse il n'y en a pas; et il est impossible qu'il y en ait, sans quoi les droits seroient inégaux, l'autorité seroit préexistante dans les Pères. Donc, dans l'absurde hipothêse des adversaires, quand on resteroit vingt ans assemblé, il seroit impossible de former ni *la souveraineté*, ni aucune espèce de gouvernement quelconque.

Si au contraire, comme l'entend *Mr. Bossuet*, ce peuple nombreux se trouve composé *de familles mal gouvernées et mal assurées* qui, fatiguées des divisions qui régnent entr'elles, veulent se réunir pour former de grands gouvernemens; dès lors *ces familles mal gouvernées* ayant essentiellement *des chefs qui les gouvernent mal*, ce ne sont plus là des hommes égaux, puisqu'il y a essentiellement inégalité par tout où il y a des chefs. Dès lors quand on est convenu d'une forme de gouvernement quelconque et qu'on a nommé un souverain, ce sont *les Pères* qui cédent leur autorité, ce ne sont pas les enfans; ce sont *les chefs* qui conférent la souveraineté, ce n'est pas le peuple. Dès lors quand *Mr. Bossuet* dit qu'avant cette formation *il n'y avoit pas encore de gouvernement*, il neprétend pas qu'il n'y avoit pas encore de gouvernement de famille, puisqu'il suppose *des familles mal gouvernées*, il veut dire tout simplement que le grand gouvernement, qui devoit réunir toutes ces familles, n'étoit pas encore formé. Lors qu'il dit qu'avant cette formation *les hommes étoient indépendans*, il ne prétend pas que les enfaus fussent indépendans de leurs Pères, il veut dire tout simplement comme Aristote, Platon et tous les bons auteurs que tous ces Pères de famille n'étoient pas encore gouvernés par un seul chef. Il veut dire que tous ces petits peuples naissans rassemblés dans le même pays ne formoient pas encore un grand peuple soumis à un seul souverain. Voilà ce que *Mr. Bossuet* veut dire. C'est ce qui devient évident par la lecture de ses autres ouvrages et par tout ce qu'il ajoûte dans ce cinquiéme avertissement; car dans les chapitres qui suivent immédiatement cet endroit, ce grand homme pulvérise *les pactes sociaux*: donc il n'entend pas que tous les hommes fûssent égaux en droits: il y soutient victorieusement les droits des Pères: donc il admet des autorités préexistantes. Il fonde *les droits des Pères et des princes* immédiatement sur la loi de Dieu: donc il ne les appuie par sur les conventions des hommes. Donc, dans son cinquiéme avertifs . . *Mr. Bossuet* n'entend point du tout le mot *peuple* comme les adversaires, il le prend, comme nous, *avec ses Pères, ses mères, ses chefs préexistans*, qui le gouvernoient dès l'état de famille, et qui tenant immédiatement *leur autorité* de la loi de Dieu même, furent aussi les seuls qui pûssent conférer la souveraineté lors de la formation des grands gouvernemens. C'est ainsi que *Mr. Bossuet* entend le mot *peuple* dans son cinquiéme avertissement et il est impossible qu'il l'entende d'une autre maniére.

Du 5. avertissement, passons à la politique sacrée *de Mr. Bossuet* Liv. 2. propos 4. c'est là que cet homme célébre, non content d'accorder aux adversaires: *qu'il y a eu des Rois établis par le consentement des peuples*, confirme cette assertion de toute son autorité, et en fait une proposition expresse; et c'est là que les adversaires triomphent.

Mais là comme ailleurs, qu'entend-on de part et d'autre par le mot *peuple?* A quelle époque *Mr. Bossuet* en parle-t-il? Ce n'est que dans une quatriéme proposition, après avoir établi formellement dans la troisiéme, l'éxistence antérieure *de l'Empire paternel* qui, par la multiplication successive des familles, *avoit déjà quelqu'image de Royaume.* Ce n'est qu'après que chaque pays est peuplé, que la terre est couverte de bourgades et de cités, qui ont déjà des juges, des magistrats et des autorités constituées; ce n'est conséquemment que bien long temps après l'origine des petits gouvernemens; ce n'est même que long tems après l'établissement des grands Empires. Et pour s'assurer si c'est bien là l'époque dont parle *Mr. Bossuet*, il suffit de jeter les yeux sur les élections qu'il allégue dans cette quatriéme proposition: il en cite trois: celle *de Déjocès* chez les Médes, *d'Abimélech*, *et de Simon machabée* chez les Juifs. Or très certainement, rien ne ressemble moins que ces deux peuples aux peuples primitifs que supposent les adversaires. Du tems *de Déjocès*, les Médes n'étoient ni dispersés ni errans dans les bois: ils n'étoient point *sans juges*, *sans loix*, *sans propriétés*, dans cet état ridicule d'egalité que supposent les adversaires. Il est vrai que, depuis qu'ils avoient secoué le joug des Rois d'Assyrie, tous les désordres et toutes les divisions qui accompagnent le défaut d'unité leur ayant fait regretter les avantages de la monarchie, ils sentirent bientôt le beçoin d'en revenir à un seul chef dans la personne *de Déjocès;* mais avant *Déjocès*, les Medes avoient eu, non seulement des chefs et des magistrats; mais ils avoient eu de grands manarques et de grands souverains. Quand ils se révoltérent ils avoient des chefs de droit, et quand ils élurent *Déjocès*, ils se donnérent un souverain de fait, qui ne pouvoit tirer ses droits que du désistement des souverains antérieurs. En proclamant la personne *de Déjocès*, ils ne créérent pas la souveraineté, puisqu'elle étoit préexistante dans les Rois d'Assyrie.

Il en étoit de même chez les Juifs: dans les grandes occasions et les grands dangers, ce peuple avoit besoin d'un chef et d'un grand général comme *Josué*, qui représentant Dieu d'une maniére plus sensible, le menat à la guerre, le conduisît aux ennemis et mît de l'unité dans les autorités subalternes. C'étoit une espéce de dictateur visible que Dieu lui suscitoit souvent d'une maniére extraordinaire, et qu'il lui permettoit quelquefois de choisir. Mais long tems avant ces dictateurs visibles, Dieu s'étoit déclaré *le souverain d'Israël:* c'étoit lui qui sanctionnoit les élections par des signes, et qui conféroit l'autorité dans tous les cas: mais bien long tems avant ces dictateurs visibles, ce peuple avoit ses loix, ses partages, ses Prêtres, ses sénieurs, ses juges, ses magistrats, ses autorités héréditaires établies par Dieu même qui présidoient aux élections. *L'acte de nomination de Simon machabée*, comme le dit expressément *Mr. Bossuet* dans cette 4. proposition, *fut dressé au nom des Prêtres, de tout le peuple, des juges et des magistrats.* Certes ce ne sont pas là des peuples sans chefs, sans lois, sans juges, sans autorités, sans inégalités civiles, comme le supposent les adversaires. Quand *Déjocès* fut élu par les Médes, il y avoit long tems qu'Assur avoit fondé le Royaume des Assyriens, et que *Madaï* avoit fait les premiers partages dans la Médie; et quand le peuple Juif élut *Simon*, il y avoit long tems que Dieu avoit constitué des autorités chez le peuple juif. Ce n'est pas là la premiére création des autorités: il s'en faut beaucoup. Donc jamais *Mr. Bossuet* n'entendit le mot *peuple* comme les adversaires. Qu'on parcoure tous ses ouvrages. 1. *Dès l'état de famille*, les premiers enfans sont gouvernés par le Père primitif. 2. Après la séparation domiciliaire, les enfans ne se dispersent pas, toutes les familles vivent ensemble *sous le gouvernement du Père commun* et forment déjà *un petit Royaume.* Voilà l'ordre qu'il suit dans ses trois premiéres propositions; et c'est visiblement la marche de la nature. Dans sa quatriéme proposition, quand il fait intervenir les peuples dans la formation des gouvernemens, il nous les montre tels qu'ils sont naturellement avec leurs Pères, leurs juges, leurs magistrats, leurs autorités préexistantes; de maniére que, dans *Mr. Bossuet*, jamais on ne trouvera d'hommes dispersés: par tout, ils vivent ensemble, par tout ils sont gouvernés; par tout dans les élections même, c'est le Père qui posséde *l'autorité*, c'est le Père qui la confére. Par tout, pour nous servir des expressions de ce génie transcendant, le mot *autorité* vient *d'autor;* par tout *l'autorité universelle* dérive *de l'auteur universel*, jamais elle ne vient de l'absurde universalité des peuples. *) *Conveniebant qui regio imperio assucti forent.* Arist. pol. ch. 1.

---

*) Avant les assamblées populaires dont on parle, les hommes avoient-ils *des Pères*, *des méres*, *des auteurs et conséquemment des autorités préexistantes?* Voilà la question ridicule et cependant la question décisive sur ces assemblées. Si les hommes avoient des autorités préexistantes avant ces assemblées; donc l'autorité étoit créé: donc ils n'étoient pas égaux en droits: donc l'autorité souveraine se composa de ces autorités préexistantes;

Cette formation des grands gouvernemens dont parle *Mr. Bossuet* dans les ouvrages que nous venons d'examiner, ne se trouve pas moins clairement *dans les principes de Mr. de Fénelon chap. 7.* Après s'être expliqué, comme nous l'avons dit dans la question précédente *sur l'origine des sociétés*; voici comment cet auteur justement célébre poursuit ses explications. „ Le genre humain „ continuant à se multiplier de plus en plus, „ les familles se subdivisérent toujours, et „ ne se trouvant plus soumises par l'autorité „ paternelle à un seul chef de qui elles dé„ pendissent toutes, elles formérent des so.

---

donc elle vint *des Pères et des chefs* et non pas de l'universalité. Un peuple qui a des chefs, des juges et un gouvernement dès l'état de famille est bien différent d'un peuple qui se rassemble pour se donner des chefs. Or *Mr. Bossuet* et tous les bons auteurs prennent par tout le peuple avec *ses pères, ses mères, ses chefs et ses autorités préexistantes.* Ils admettent par tout, non seulement des familles, mais de grandes familles *gouvernées par leur pères communs* long tems avant ces assemblées. Donc ces assemblées ne sont ni l'origine ni la création des gouvernemens. C'est simplement la formation des grands gouvernemens. *Conveniebant qui regio imperio assucti forent.*

„ ciétés différentes ; les unes se tournérent
„ en état monarchique, d'autres en Aristocra-
„ tique, d'autres en gouvernemens mixtes
„ etc. " Voilà, *Mr. de Fénelon* qui admet ainsi que *Mr. Bossuet* une époque où il se forma de grands gouvernemens; mais à quel tems place-t-il cette époque? C'est quand le genre humain a continué long tems à se multiplier; c'est quand les familles, après s'être long tems subdivisées, ne se trouvent plus soumises à un seul chef: c'est conséquemment long tems après la création des autorités, quand chaque branche a été long tems gouvernée *par son Père commun. Conveniebant qui regio imperio assucti forent.*
Cette formation des grands gouvernemens qui se trouve si clairement dans *Mr. Bossuet et Mr. de Fénelon*, se trouve encore plus clairement s'il est possible *dans Mr. Rollin* (histoire anc. avant propos pag. 2.) „ Ces
„ sociétés étant devenues fort nombreuses
„ par la succession des tems, dit cet historien
„ judicieux, et les familles s'étant séparées
„ en diverses branches *qui ont chacune leurs*
„ *chefs*, et dont les caractéres et les intérêts
„ différens pouvoient troubler l'ordre public,
„ il fut nécessaire de conférer le gouverne-
„ ment à un seul . . . Alors on choisit par-
„ mi les plus sages celui en qui on recon-
„ noissoit davantage l'esprit de Père . . .
„ Pour relever l'éclat de leur dignité, on

„ leur donna le nom de Roi, on leur érigea „ un trône, on leur mit le sceptre à la main. “ Et à quelle époque se fit cette grande érection ? Ce fut après plusieurs siècles de multiplication, quand les familles devenues fort nombreuses par la succession des tems s'étant séparées en diverses branches *qui avoient chacune* leurs chefs, pensérent enfin à se réunir sous un seul chef. Donc les autorités étoient créées et les diverses sociétés avoient des chefs, long tems avant cette grande formation. *Conveniebant qui regio imperio assucti forent.*

Le Père Berthier dans le même endroit que nous avons déja cité (*observations sur le contrat social*, ne parle pas moins clairement de cette formation des grands états. „ Dans „ l'origine des choses, dit ce savant auteur, „ la premiére famille fut le premier peuple. „ Quand elle est devenue nombreuse elle „ s'est partagée, et de là sont venus les di„ vers peuples, *toujours sous l'autorité des* „ *Pères* . . . Il n'est pas douteux, continue„ t-il, que certains hommes plus adroits, plus „ instruits ou plus ambitieux ne se soient „ mis à la tête de quelques familles pour les „ gouverner. Il doit aussi être arrivé que „ plusieurs Pères soient convenus entr'eux „ de gouverner ensemble, ce qui aura formé „ *l'Aristocratie*, ou de déférer le comman„ dement à un d'entr'eux, ce qui aura formé

„ *la monarchie*, ou enfin de faire part de „ l'autorité à tous les membres de la famille, „ ce qui aura produit le gouvernement *Dé*„ *mocratique.* Il y aura eu pour tous ces „ arrangemens des conventions, mais on „ voit toujours que *l'autorité paternelle* mo„ déle de tout gouvernement *sera l'ouvrage* „ *de la nature.* " Voilà bien les insurrections des hommes ambitieux, les révolutions, les élections et toutes les conventions populaires dont nous avons parlé; mais à quelle époque le *Père Berthier* les place-t-il? Comme tous les autres auteurs, c'est après que les peuples se sont long tems multipliés, après qu'ils se sont divisés en plusieurs peuples, après qu'ils ont véçu très long tems *sous l'autorité de leurs Pères.* Donc les autorités, comme le dit cet excellent écrivain, étoient créées *par la nature elle même*, long tems avant les peuples, long tems avant les peuples, long tems avant les insurrections, long tems avant la formation des grands gouvernemens: et c'est précisément ce que nous disons. *) *Conveniebant qui regio imperio assucti forent.*

---

*) Ou les hommes avoient des Pères et des mères, des chefs et des autorités, avant le rassemblement populaire dont on parle, où ils n'en avoient pas.

Des citations plus nombreuses deviendroient parfaitement inutiles. Nous ne contestons point aux adversaires que les peuples ne puissent intervenir dans la formation des grands gouvernemens; mais quand peuvent-ils y intervenir? . . . C'est quand ils existent, c'est quand le genre humain s'est long tems multiplié : c'est quand la cité primitive de chaque pays s'est divisée en plusieurs branches ou plusieurs petits peuples gouvernés par leurs chefs. C'est enfin lorsque tous ces petits peuples *dont les chefs sont divisés entr'eux d'intérêts et de caractères*, comme le dit fort bien *Mr. Rollin*, pensent

---

S'ils en avoient, non seulement l'autorité viendra des Pères eux seuls, mais les pères subalternes de chaque branche étant essentiellement subordonnés *à un chef universel*, le rassemblement qu'on suppose dans chaque pays se réduira à cinq ou six peuplades déjà gouvernées *par cinq ou six chefs* : et ce seront *ces cinq ou six chefs eux seuls*, qui conféreront *la souveraineté* : ce ne sera pas le peuple. Par sa volonté le chef souverain de chaque petite peuplade peut très bien donner ce qu'il a ; mais avec la meilleure volonté du monde, il est impossible à chaque peuplade de donner ce qu'elle n'a pas.

à se réunir. Qu'on lise, non seulement tous les auteurs que nous réclamons pour nous; mais *Puffendorf*, *Rousseau*, *Burlamaqui* et tous les écrivains qui ont embrassé le parti des conventions, jamais ils n'ont cité d'assemblées populaires avant cette époque, et il leur étoit bien impossible d'en citer auparavant, puisque, pour avoir de quoi former de grands peuples dans quelque pays que ce soit, il faut attendre de toute nécessité que les hommes se soient multipliés. *Conditione multiplicati generis expensa.*

Or que veut on conclure de cette grande formation? Parce que c'est la premiére où les peuples paroissent, veut-on en conclure que c'est là le commencement des gouvernemens? Veut-on en conclure qu'avant ce grand rassemblement des peuples, les hommes n'avoient encore *ni pères ni mères*, *ni chefs, ni autorités?* Veut on en conclure que les cités primitives ne pouvoient pas encore être formées, puisque les grands Royaumes ne l'étoient pas?... Quoi! Parce qu'il faut cent ans révolus pour former un siècle complet, l'année ne peut pas être compléte après douze mois, et la semaine au bout de sept jours! ... Car voilà jusqu'à quel dégré de perfection nous avons poussé le raisonnement dans notre siècle de lumiéres. De ce que les premiers enfans se séparérent lors de leur mariage, nous en avons conclu qu'ils allérent courir dans les bois. De ce qu'une centaine de maisons ne pouvoient pas encore former *un grand Royaume*, nous en avons conclu qu'elles ne pouvoient pas encore former *une petite cité*. De ce qu'il n'y avoit pas encore de grands chefs avant la multiplication du genre humain, nous en avons conclu qu'il ne pouvoit pas encore *y* en avoir de petits. Et de ce que *le chef universel* de chaque peuple n'avoit pas encore vingt millions d'hommes à gouverner, nous en avons conclu qu'il ne gouvernoit pas. Enfin pour faire créer *l'autorité universelle* dans l'assemblée d'un grand peuple, il falloit brouiller toutes les époques, confondre toutes les notions, placer le fleuve avant sa source, les peuples avant leurs auteurs, renverser totalement le monde: et nous l'avons fait, dans la persuasion bien sincére que nous régénérions le monde.

Il est donc très certain que, lorsque la population fut nombreuse dans chaque pays, il se forma de grands gouvernemens par la réunion de tous les petits états. Il est très certain que, par la suite nécessaire des guerres, des révoltes, des séditions, des conquêtes, des révolutions, par le démembrement des grandes monarchies, ou par les conventions des diverses cités et de diverses provinces, il a pu se former successivement des gouvernemens de toute espéce, *monarchiques*,

Aristocratiques, mixtes ou républicains, simples ou composés, tantôt petits, tantôt immenses. Avec beaucoup de petits peuples, on peut en former un grand, et par le démembrement d'un grand peuple, il peut s'en former beaucoup de petits. Il est encore très certain que tous les bons auteurs parlent de cette grande formation et d'une infinité d'autres qui sont survenues depuis. Mais qu'avant cette grande formation il n'y eût point encore de gouvernemens: c'est ce qu'on ne voit point du tout dans ces auteurs. On y lit précisément tout le contraire. *Civitas ex natura* dit Arist. pol. ch. 1.

Il est donc très certain que, lorsque la population fut nombreuse dans chaque pays, il survint des tems *d'anarchie*, de trouble, de division, de pillage et d'horreur. Il y eut des tems d'anarchie avant la formation des grands gouvernemens, il y en eut encore après. Il y en eut avant l'élection *de Déjocès* chez les Médes. Il y en a eu dans la démence *de Charles VI.* en France. Il y en a eu dans toutes les séditions et toutes les révolutions. Dès qu'un vaste pays n'est pas gouverné par un seul souverain, ou que ce souverain ne sait plus se faire respecter, ou qu'on ne le respecte plus: dès lors tout se divise et se déchire: tous les petits princes, tous les petits Ducs, tous les chefs de parti se battent entr'eux, et *l'anarchie* dure jusqu'à ce qu'on se réunisse de nouveau sous un seul souverain. Voilà ce qui est arrivé dans l'état primitif de chaque pays, et ce que nous disent tous les bons auteurs. Mais que dans cet état même *d'anarchie* et de division, chaque petit peuple n'eût pas son chef: voilà ce que ces auteurs ne nous disent pas: ils disent précisément tout le contraire. Dans quelqu'état qu'on suppose les hommes, il est aussi impossible qu'ils aient jamais été *sans chefs et sans autorités*, qu'ils est impossible qu'ils aient jamais été *sans auteurs.* *)

---

*) *L'anarchie*, quand les hommes y tombent, vient de ce qu'ils méconnoissent les autorités subalternes, et de ce que les autorités subalternes méconnoissent leur souverain, ou ne le respectent plus; delà les partis, les factions et les divisions jusqu'à ce qu'on revienne à l'unité. Jamais elle ne vient *du défaut d'autorité*, puis que chaque famille est essentiellement subordonnée *á son Pére*, et que tous les Páres subalternes sont essentiellement subordonnés *à un Père universel.* Ainsi l'Anarchie, quand elle arrive, vient toujours de la faute des kommes qui s'écartent de la subordination, jamais elle ne vient de la part de l'auteur de la nature, qui a tout subordouné de la maniére la plus admirable dans la disposition de l'ordre social. *Civitus ex naturâ.*

Enfin il est très certain qu'après leur séparation de la cité primitive, tous ces petits chefs étoient *indépendans* les uns des autres, mais il est faux que chaque cité fût indépendante de son chef. Il est très certain qu'après s'être bien battus, tous ces petits chefs convinrent ensemble *de se réunir*, mais il est faux que leur cité ne fût pas déjà réunie sous leurs ordres. Il est très certain que, pour se donner un seul souverain, tous ces petits chefs *firent le sacrifice de leur liberté*, mais le peuple ne le fit pas. Il est très certain que tous ces petits chefs *sacrifiérent leur indépendance*, mais le peuple ne la sacrifia pas. Il est très certain que dans les assemblées, tous ces petits chefs *contribuérent à la formation de la souveraineté*, mais le peuple n'y contribua pas, par la raison bien simple qu'il n'en a aucune et qu'on ne peut pas donner ce que l'on n'a pas. Il est donc très certain que, lors de la formation des grands gouvernemens et dans les diverses révolutions qui sont survenues depuis, les bons auteurs parlent souvent *d'assemblées populaires;* mais quand ils parlent d'assemblées du peuple, ils n'entendent point du tout le mot *peuple* dans le sens des adversaires: et c'est à quoi il faut bien prendre garde. Toutes les fois que les bons auteurs parlent d'un peuple quelconque, ils le prennent toujours tel qu'il est naturellement *avec ses Pères, ses mères, ses chefs, ses magistrats, sés autorités et ses inégalités préexistantes,* de maniére que par tout et dans toutes les circonstances, dans la famille comme dans la cité, dans les divisions comme dans les réunions, par tout c'est le Père qui gouverne, le Père qui juge, le Père qui fait les parts; par tout ce sont les chefs qui convoquent, les chefs qui président, les chefs qui se battent, les chefs qui se réconcilient, les chefs qui conviennent de se réunir, les chefs qui écoutent les propositions, les chefs qui statuent, les chefs qui sanctionnent la forme du gouvernement; de maniére que, dans la supposition méme qu'on se décidât pour la forme Démocratique, ce seroient toujours les chefs qui accorderoient au peuple la permission de nommer, les chefs qui veilleroient au maintien de la constitution, les chefs qui feroient le sacrifice de leur souveraineté, les chefs qui la conféreroient aux députés: et eux seuls pourroient la conférer, parce qu'eux seuls la possédoient de droit, eux seuls l'avoient reçue du fondateur qui la tenoit immédiatement de Dieu *en vertu de son titre d'auteur universel*, long tems avant qu'il pût y avoir des peuples. *Imperium filiorum regium erat*, dit Aristote.

C'est donc là le noeud de la difficulté qu'il est important de bien saisir, parce que c'est là le point capital sur lequel roulent toutes les erreurs. Oui, répéterons nous aux adversaires; lorsque la population fut nombreuse dans chaque pays, les bons auteurs disent qu'il s'y forma de grands gouvernemens; mais ils disent aussi que, long tems avant cette grande formation, *il y avoit déjà de petits gouvernemens;* ils disent aussi que, dès la premiére occupation de chaque pays, *le Père universel* gouverna ses enfans tant qu'ils furent petits, qu'il les établit quand ils furent grands, qu'il fut *le souverain*, *le législateur né* de la cité naissante; ils disent aussi, que lorsque la premiére société fut nombreuse et qu'elle fut divisée par branches, *chaque branche étoit gouvernée par son chef;* ils disent aussi, qu'avant la formation des grands gouvernemens, les peuples avoient depuis long tems *des autorités préexistantes qui étoient l'ouvrage de la nature;* ils disent aussi, que lorsque tous ces petits peuples s'assemblérent, leurs chefs étoient là, que c'étoient ces chefs qui présidoient aux assemblées, qui conféroient l'autorité, que c'étoient eux *qui proposoient et sanctionnoient ces élections.* Voilà ce que disent les bons auteurs, et c'est ce que vous ne dites pas. Au contraire: vous dites que ces peuples n'avoient pas encore de chefs, et c'est un mensonge . . . Oui, ajoûterons nous, lorsque la population fut nombreuse dans chaque pays, tous les bons auteurs parlent d'une grande formation: ils disent que ce fut là l'origine des grands gouvernemens, mais non pas l'origine des gouvernemens; ils disent que ce fut là la création des grands souverains, mais non pas la création des souverains: ils disent qu'avant cette grande formation il y avoit déjà eu deux gouvernemens, *le gouvernement de la famille et le gouvernement de la cité ou de la grande famille par le Père universel.* Voilà ce qu'ils disent, et c'est ce que vous ne nous dites pas. Ils nous donnent cette grande formation comme la troisiéme époque des gouvernemens; et vous nous dites que ce fut là la premiére, que ce fut là qu'on créa les autorités: voilà l'illusion ou la perfidie. *)

---

*) S'il faut faire attention au mot *peuple*, il ne faut pas moins prendre garde au mot *famille*, au mot *Père*, au mot *enfans*. *Noë* fut Père de famille dès qu'il eut trois enfans. Il étoit encore Père de famille lors de la dispersion de Babylone. Mais lors de cette dispersion, cette grande famille n'étoit plus une simple famille, c'étoit un véritable peuple qui se subdivisa en plusieurs peuples gouvernés chacun par leur Père universel. Quand les bons auteurs disent que *les premiers hommes vivoient en familles sous l'autorité de leur Père*, il est

C'est ainsi qu'en brouuillant les époques et plaçant l'origine des gouvernemens dans les assemblées tardives des peuples, l'univers entier devient une énigme inexplicable. Comment la maitre de la nature, qui avoit formé l'homme pour être gouverné, l'eût-il laissé des siècles entiers sans gouvernemens? Quelle impéritie inconcevable dans l'ouvrier! Quel vide monstrueux dans ses ouvrages! Si les hommes furent plusieurs siècles sans gouvernemens, pourquoi *cet empire paternel* dont parlent tous les bons auteurs, ces petits Rois qui gouvernent par tout dès l'origine longtems avant la formation des gouvernemens? ..S'il *y* a eu par tout *des pactes*

évident qu'ils n'entendant pas par là une simple famille, mais presque toujours *une branche*, *une tribu*, *une peuplade entière gouvernée par son chef commun et universel.* La famille *de Noë* étoit une très grande-famille. Les enfans *d'Adam*, *de Cain*, *d'Hénoch*, *de Jacob* et autres chefs primitifs composoient plusieurs familles qui devinrent bientôt des peuplades et enfin des peuples gouvernés *par leur Père universel.* Tous les Pères soumis au Père commun, *dit Mr. de Fénelon*, formoient la Patrie, la Nation ou la grande *Famille. (Princip. de Fénelon ch. VII.)*

sociaux, pourquoi, comme l'observe fort bien *Mr. Bossuet*, l'original en est-il perdu? Pourquoi la forme monarchique paroit-elle par tout dabord, pourquoi nulle part des formes républicaines? . . . Dailleurs, dans ces assemblées primitives elles mêmes, puisque personne n'a encore *autorité* par droit de nature, qui est-ce qui va la conférer, comment la créer, comment la perpétuer de génération en génération jusqu'à la consommation des siècles? — *Qui? comment? avec quoi?*. - Tout est cahos, absurdité, impossibilité absolue dans ce systême! *)

Si au contraire on place *l'autorité universelle* dans *l'auteur universel*, avant l'éxi-

---

*) On trouve, dit-on, dans l'Amérique des pays ou il n'y a encore que des familles indépendantes. Cela n'est pas étonnant. Il en fut de même dans tous les pays nouvellement occupés. Mais, dès l'origine, ces familles avoient leurs chefs, leurs anciens ou leurs senieurs; mais bientot ces familles primitives formerent des villages, ces villages formerent des cités. 1. *La Famille*, 2. *La Cité*, 3. *le Royaume*. Telle est la formation progressive des gouvernemens dans tous les pays. Les familles sont dabord indépendantes les unes des autres, mais elles dépendent de leurs chefs.

stence des peuples, comme Dieu l'y a très certainement placée : *auteur*, *interprétes*, *historiens*, *géographes*, *publicistes*, *théologiens*, *Poëtes*, *Voyageurs*, tout s'entend, tout se concilie. *Origine*, *formation*, *progrès*, *anarchie*, *divisions*, *réunions*, *variations*, *révolutions*, tout se suit, tout se succede, tout s'explique de la maniére la plus claire; l'univers entier est un livre ouvert où tout se déroule parfaitement devant mes yeux. Si le Gouvernement commença par tout *par le père universel*: Dès lors je concois pourquoi *cet empire paternel* qui paroit dès l'origine, pourquoi immédiatement aprés le déluge, *ces petits Rois* qui se trouvent par tout? Pourquoi par tout *une infinité de petits Royaumes*? Pourquoi dans l'Afrique, dans l'Amérique, dans tous les pays nouveaux, on retrouve par tout *une infinité de petits chefs et de petits Rois*. . . . Si le gouvernement commença par tout par le père universel; dès lors je conçois pourquoi la forme monarchique fut par tout la premiére? Pourquoi elle fut long tems la seule? Pourquoi elle fut universelle dans les premiers tems? Pourquoi elle se retrouve par tout chez les peuples nouveaux? C'est que par tout, par l'institution seule de la nature, ce fut *le père universel* de chaque branche, qui fonda la cité, qui fit les premiers partages, et conséquemment les premières loix *). *Imperium, filiorum regium erat etc.*

Si le gouvernement commença par tout *par le Père universel*; Dès lors je conçois comment tous ces petits chefs qui s'établi-

---

*) Delà l'impossibilité absolue des conventions populaires 1. Il n'y en eut point à la création de la cité puisqu'il n'y avoit pas encore de peuples. 2. Il n'y en eut point lors de la formation des grands gouvernemens puisqu'il se sont formés presque tous par conquêtes, par traités et par la réunion successive des Provinces limitrophes. 3. Il n'y en eut point dans les assemblées populaires elles mêmes, puisque *l'universalité* ne s'y trouvoit pas. C'étoient tout simplement, comme le dit *le Père Berthier*, cinq ou six petits chefs, qui, après avoir consulté les principaux de leur peuplade, élisoient un d'entreux, ou convenoient ensemble de toute autre forme de gouvernement. Ce n'étoit pas *l'universalité* qui nommoit, puisque cette *Universalité* est impossible en fait d'assemblée. Ce n'étoit pas *l'universalité* qui conféroit la souveraineté puisqu'elle ne l'avoit pas. C'étoient les cinq ou six chefs eux seuls. Donc jamais il n'y eut de convention et de déliberation universelle. Jamais la souveraineté ne fut conférée que par les chefs dans les assemblées populaires elles mêmes.

rent dans le même pays restérent en paix tant qu'ils eurent trop de terrein: comment ils se firent la guerre quand tout fut peuplé, comment chaque pays tomba dans un état cruel d'anarchie par l'indépendance respective de tous ces petits chefs: comment tous ces petits chefs finirent enfin par se réunir sous un seul chef et formérent de grands gouvernemens. Si le gouvernement commença par tout *par le Père universel*, dès lors je conçois pourquoi les républiques vinrent par tout si tard? Pourquoi elles ne parurent par tout qu'après les Rois? Pourquoi elles ne naquirent que lorsque la population fut nombreuse, que lorsque les peuples furent en état de se révolter contre leurs souverains, et qu'ils purent avoir une grande influence dans les assemblées.

Par là on conçoit aisément pourquoi les formes républicaines furent presqu'inconnues en Asie? Cela dut être puisqu'immédiatement après la dispersion de Babylone, les chefs primitifs du genre humain, ayant sous eux de nombreux descendans, formérent sur le champ de grandes monarchies qui ne firent que s'accroitre par la conquête des petits états . . . Par là l'on conçoit aisément pourquoi *en Afrique*, *en Amérique*, parmi les peuples sauvages etc. on trouve encore très peu de formes républicaines? Cela doit être puisque tous ces peuples naissans sont encore dans leur état primitif . . . Par là l'on conçoit aisément pourquoi, de toutes les parties de la terre, *l'Europe* est celle où il y a plus de formes républicaines et de gouvernemens mixtes? Cela doit être, puisque, de toutes les parties de la terre, *l'Europe* étant la plus petite, la plus resserrée et la plus habitée, c'est celle où il s'est fait le plus de mélange, de divisions, d'insurrections, de traités ou de conventions, où les peuples se sont arrogé plus ou moins de pouvoirs. Par là l'on conçoit aisément pourquoi l'original des pactes sociaux ne se trouve nulle part. C'est qu'il n'y en eut jamais. Pourquoi on trouve par tout des gouvernemens. C'est qu'il y en eut toujours. Pourquoi les adversaires n'ont jamais pu citer *un seul peuple indépendant*. C'est que jamais il n'y en eut et qu'il ne put jamais y en avoir, dans aucun tems et dans aucun pays. *)

---

*) Une république est une maison qui a plusieurs chefs. L'état d'indépendance seroit une maison qui n'en auroit aucun. Tout cela est inoui chez les peuples nouveaux qui avoient des rois dès l'état de famille. Si *M. de Montesquieu* fut né dans ces régions, toutes ces idées lui eussent paru aussi étranges et aussi ridicules qu'elles le furent pour le roi de Pégu, la premiere fois qu'il entendit parler d'un état sans roi.

En vain a-t-on essayé de nous égarer dans la nuit des tems; envain en a-t-on appellé *à la vie nomade et patriarchale!* Dans ces tems antiques comme de nos jours, le Père commun étoit bien indépendant, mais la famille ne l'étoit pas . . . En vain, pour nous dépayser nous a-t-on transportés *chez les Cafres, les Gétules*, chez les peuples les plus barbares *de l'Afrique ou de l'Amérique!*
„ Certains écrivains, disent les interprétes
„ *de Puffendorf*, accoutumés à voir des scep-
„ tres, des couronnes, des gardes, des pa-
„ lais, des cours brillantes autour de nos
„ Rois ont cru qu'il n'y avoit point de góu-
„ vernement par tout où l'on ne voyoit pas
„ cette magnificence, et nous ont décrit des
„ nations, telles qu'elles ne sauroient être.
„ *Blanditiis praesentium regnorum illecti*
„ *scriptotes ubi palatia, domus regias, satel-*
„ *litia, aularum que splendorem non viderunt,*
„ *regna esse negaverunt, describunt que gen-*
„ *tes quae esse non potuerunt*... Mais, ajou-
„ tent ces auteurs, *Kolbus*, qui a long tems
„ habité *chez les Cafres*, assure qu'ils sont
„ divisés en dix sept peuplades qui se sub-
„ divisent en bourgades à la tête des quelles
„ est un préfet, et tous ces préfets relévent
„ d'un Prince " *(notes sur Puffend. lib. 7. cap. 1.) Civitas ex naturâ.*

„ En vain a-t-on appelé à son secours
„ *les Otahitiens* et autres insulaires plus ré-

„ cemment découverts : le célebre *Cook* dans „ le long séjour qu'il fit en 1769 chez *les* „ *Otahitiens*, déclare y avoir trouvé par „ tout des souverains héréditaires de Père „ en fils, par tout des gouvernemens sembla- „ bles au premier état de toutes les nations „ de l'Europe lors du gouvernement féodal; „ le Roi, le Baron, le Vassal y sont distin- „ gués, chaque Baron fournit et conduit à „ la guerre certain nombre de combattans... „ *Dans la nouvelle Zélande* et chez tous les „ différens insulaires Indiens, il déclare avoir „ trouvé la même chose. " *Civitas ex naturâ.*

Mr. de Montesquieu qui a voulu placer la source de l'indépendance dans les peuples du nord n'a pas eu plus de succès. Il convient lui même que les Tartares étoient asservis avant leurs conquêtes ; qu'ils le sont encore après. *Condorcet*, qui a cherché l'indépendance primitive par tout, est forcé de convenir qu'il ne l'a trouvée nulle part : „ que dans les gouvernemens les plus gros- „ siers des sociétés primitives, il a vu par „ tout l'hérédité presque générale des chefs „ et des Rois ; par tout des prêtres, par tout „ des nobles. " Et il le falloit bien puisque, comme nous l'avons prouvé, plus les peuples sont nouveaux, plus ils sont asservis *(essais sur les progrès de l'esprit humain.) Civitas ex naturâ.*

Dans l'Amérique, comme l'observe fort bien *le Père Berthier*, *(observat sur le contr. social)* chez certains peuples sauvages, les chefs n'ont point d'autre distinction que des colliers de verre; ce n'en sont pas moins des chefs, et l'origine de ces chefs n'est pas plus difficile à expliquer là que par tout ailleurs, puisque là comme par tout ailleurs il y avoit des *caciques* avant les *Empereurs*, des *anciens* avant les caciques, et des *Pères* avant les anciens. On a eu beau chercher par tout, ajoûte cet excellent auteur, dans quelque pays sauvage qu'on ait pu pénétrer, par tout où l'on a trouvé des hommes, on a trouvé des gouvernemens. Et il étoit bien impossible qu'on n'en trouvât pas, puisque, par tout le gouvernement a commencé *par le Père universel*. *Imperium filiorum regium erat.*

C'en ainsi qu'en tirant *l'autorité universelle* de l'universalité, rien ne se conçoit, au lieu qu'en la plaçant *dans l'auteur universel*, comme Dieu l'y a très certainement placée, tout est clair. Cet *auteur universel* qui existoit avant la premiére famille elle même, et qui se retrouve par tout, porte par lui ou par ses représentans, *la souveraineté* par tout. Avant, comme après la multiplication des peuples, c'est lui qui gouverne, qui fait les parts, qui donne et confére les droits souverains, qui constitue qui il veut sur ses descendans, dans tous les tems, dans tous les lieux et dans toutes les circonstances: il n'y a pas le plus petit embarras. *Civitas ex naturâ.*

Il est donc essentiellement vrai, comme nos adversaires ont été forcés d'en convenir *dans l'Encyclopédie*, qu'originairement dans chaque pays, *le Père primitif* fut *le prince*, *le souverain*, *le monarque politique* de la famille. Il est essentiellement vrai que *ce Père primitif* avoit fait des parts dès le mariage de ses premiers enfans. Il est essentiellement vrai qu'il avoit fait les lois, la constitution, qu'il avoit disposé de sa souveraineté long temps avant qu'il put *y* avoir des peuples.

Il est donc essentiellement faux que jamais aucun peuple ait pu ni créer ni conférer la souveraineté, ni se donner des lois et des constitutions. Cette doctrine est essentiellement fausse pour tous les temps, pour tous les pays et pour toutes les circonstances, puisque par tout le *Père universel* exista essentiellement avant ses descendans.

Mais si cette doctrine est essentiellement fausse, que devient tout le système des conventions? Que deviennent tous les ouvrages qui le supposent? Que devient l'Encyclopédie dans tous ses articles sur les gouvernemens civils? . . .

Ce système des conventions ne nous a que trop égarés en nous faisant perdre de vûe l'origine et la nature des droits souverains. Dieu est le principe et la source de toute autorité; et nous avons vu par quels canaux il communique l'autorité souveraine à ceux qu'il en veut investir. Mais les peuples nont-ils pas aussi des droits, et ces droits dériveroient-ils d'une autre source que ceux des souverains? . . . Comment les peuples se sont-ils organisés? Les différens ordres dont ils se composent sont-ils essentiels à leur constitution, ou ne seroient-ils que le produit et le résultat des conventions humaines? . . . Recourons encore à la nature; elle nous dirigera dans ce nouveau dédale où nous serons forcés de pénétrer, et nous conduira surement à la vérité.

Cette discussion exigera un nouveau volume que nous désirons pouvoir offrir bientôt à ceux de nos lecteurs, qui voudront suivre l'application de nos principes à des questions d'un si grand intérêt pour l'ordre social.

Fin du troisiéme Tome,

et de toutes les questions sur la souveraineté.

BIBLIOTHEQUE ROYALE

ERRATA.

Page:	Ligne.	Au lieu de:	Lisez:
3	16 de la note:	attaché	arraché.
7	5 de la note:	emprisé	méprisé.
17	12	des	de
59	19	Midon	Médon.
79	11	possérieurs	postérieures.
ibid.	12	avoir	voir.
82	16	neuples	peuples.
92	10	le	la.
99	5	cooquises	conquises.
101	19	amasné	amassé.
108	derniere	en	effacez ce mot.
110	12	tutélarie	tutélaire.
120	13	conferé	confere.
ibid.	pénultieme	e	et.
167	18	uu	ou.
168	derniere	déciderocent	décideroient.
172	4	pien	Rien.
195	3 de la note:	transférs	transferera.
201	16	des	de.
223	pénultieme	auctoriate	auctoritate.
232	7	croios	croyons.
ibid.	derniere	fait	faits.
141	premiere	on	en.
245	derniere	dépouilles	dépouillés.
248	16	tous ses bras	dans ses bras.

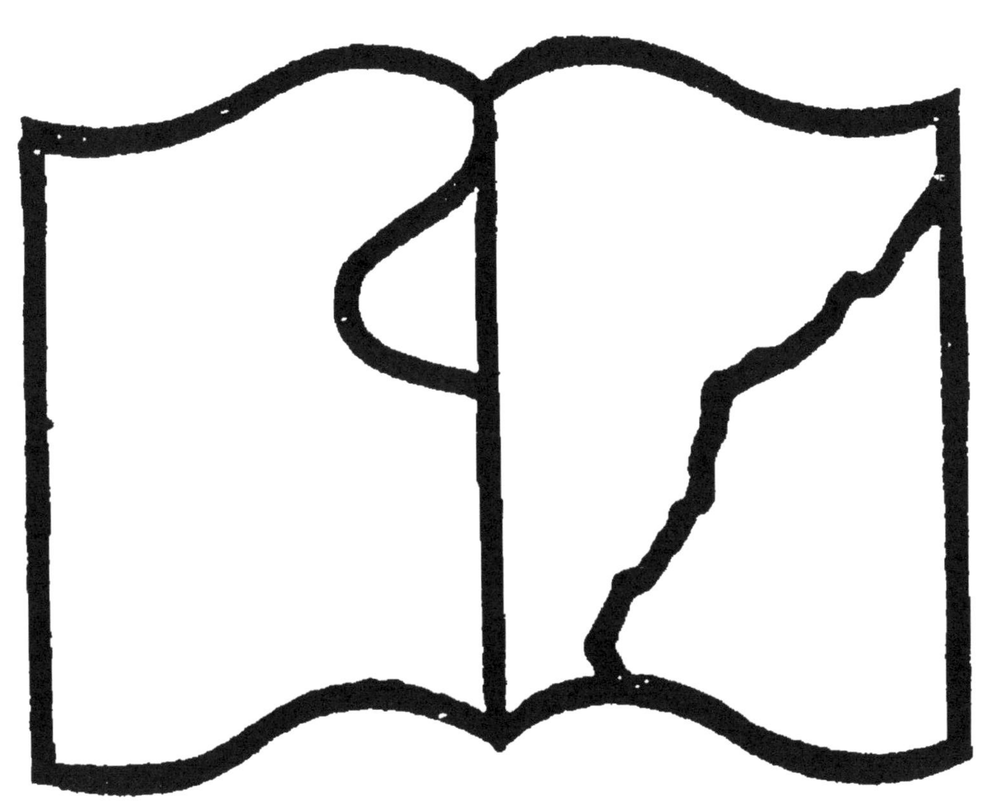

Texte détérioré — reliure défectueuse

NF Z 43-120-11

www.ingramcontent.com/pod-product-compliance
Ingram Content Group UK Ltd.
Pitfield, Milton Keynes, MK11 3LW, UK
UKHW012012240726
13965UKWH00002B/316